Aristóteles
em nova perspectiva

Introdução à Teoria dos Quatro Discursos

Aristóteles em nova perspectiva: Introdução à Teoria dos Quatro Discursos
Olavo de Carvalho
Impresso no Brasil
1ª edição – junho de 2013
2ª edição (revisada) – outubro de 2013
Copyright © 2013 by Olavo de Carvalho

Gestor Editorial
Diogo Chiuso

Editor
Silvio Grimaldo de Camargo

Revisão de prova
Thomaz Perroni

Editoração & capa
Arno Alcântara Júnior

Carvalho, Olavo de
　Aristóteles em nova perspectiva: Introdução à Teoria dos Quatro Discursos / Olavo de Carvalho - Campinas, SP: VIDE Editorial, 2013.
　ISBN: 978-85-62910-19-7

1. Filosofia Moderna 2. Ensaios e Estudos Filosóficos.
I. Olavo de Carvalho II. Título   CDD - 501.01

Índices para Catálogo Sistemático
1.　Filosofia Moderna: Ensaios - 190.2

Conselho Editorial
Adelice Godoy
César Kyn d'Ávila
Diogo Chiuso
Silvio Grimaldo de Camargo

Os direitos desta edição pertencem ao
CEDET - Centro de Desenvolvimento Profissional e Tecnológico
Rua Ângelo Vicentin, 70
CEP: 13084-060 - Campinas - SP
Telefone: 19-3249-0580
e-mail: livros@cedet.com.br

Reservados todos os direitos desta obra. Proibida toda e qualquer reprodução desta edição por qualquer meio ou forma, seja ela eletrônica ou mecânica, fotocópia, gravação ou qualquer meio.

Olavo de Carvalho

Aristóteles
em nova perspectiva

Introdução à Teoria dos Quatro Discursos

Dedico este livro a minha mãe
NICÉA PIMENTEL DE CARVALHO

e à memória de meu pai
LUIZ GONZAGA DE CARVALHO

"Quanto maior a obra pensada de um pensador — a qual não coincide de maneira alguma com a extensão e o número de seus escritos —, tanto maior, nessa obra, aquilo que foi deixado sem pensar, isto é, aquilo que, através dela e somente dela, chega a nós como jamais pensado."

MARTIN HEIDEGGER

❈ Sumário

Prólogo ❈ 11

Nota prévia à primeira edição de *Uma filosofia aristotélica da cultura* ❈ 19

I. Os Quatro Discursos ❈ 21

II. Um modelo aristotélico da história cultural ❈ 37

III. A presença da teoria aristotélica do discurso na história ocidental ❈ 45

IV. A tipologia universal dos discursos ❈ 63
I. Conceitos de base ❈ 64
II. Possibilidade de uma tipologia universal dos discursos ❈ 65
III. Escala das premissas ❈ 66
IV. Os quatro discursos ❈ 68

V. Os motivos de credibilidade ❈ 73
I. Discurso Poético ❈ 73
II. Discurso Retórico ❈ 78
III. Discurso Dialético ❈ 81
IV. Discurso Analítico ❈ 82

VI. Marcos na história dos estudos aristotélicos no Ocidente ❈ 85

VII. Notas para uma possível conclusão ❈ 93

Aristóteles no dentista ❈ 101

I. *De re aristotelica opiniones abominandæ* ❈ 103
I. Da bibliografia ❈ 105
II. Originalmente velho ❈ 107
III. Muito assunto para um livro só ❈ 108

IV. As ciências introdutórias ✻ 108
V. Apofântico ✻ 109
VI. A função da Dialética ✻ 111
VII. Valha-me S. Gregório! ✻ 112
VIII. Não acerto uma ✻ 114
IX. Novamente a dialética ✻ 115
X. Do saber desinteressado ✻ 116
XI. Poética e mímese ✻ 117
XII. Verossímil? ✻ 119
XIII. Tragédia e metafísica ✻ 120
XIV. Evolução histórica ✻ 122
XV. Continuo não acertando uma ✻ 123
XVI. Os Quatro Discursos no tempo ✻ 124
XVII. Conclusão ✻ 126

II. Desafio aos usurpadores corporativistas ✻ 131

III. Cartas a Ênio Candotti ✻ 135

Leituras sugeridas ✻ 139

Índice remissivo ✻ 143

PRÓLOGO

ESTE LIVRO É VELHO E É NOVO: *reproduz o texto de* Uma filosofia aristotélica da cultura *(Rio de Janeiro, IAL & Stella Caymmi, 1994), mas acrescido de quatro capítulos (IV, "A Tipologia Universal dos discursos",*[1] *V, "Os motivos de credibilidade", VI, "Marcos na história dos estudos aristotélicos", e VII, "Notas para uma possível conclusão"), e de um suplemento,* Aristóteles no dentista: polêmica entre o autor e a SBPC. *Os capítulos acrescentados não são novos, mas inéditos: circularam, até agora, apenas como apostilas de meus cursos. Quanto ao suplemento, que circulou por um tempo num folheto que anexei a alguns exemplares de* Uma filosofia aristotélica da cultura, *mas não a todos, reúne: (a) o texto com que respondi à inacreditável "Avaliação crítica" que o Comitê Editorial da revista* Ciência Hoje[2] *fez de* Uma filosofia aristotélica da cultura; *(b) o artigo que publiquei em* O Globo *em resposta a dois bocós de mola (ou antes, de borla e capelo), que saíam em defesa do indefensável e aproveitavam para opinar contra uma tese que admitiam não ter lido (tratando-se portanto de um caso de*

---
1 Distribuído em 1987, em formato de apostila, aos alunos do curso "Introdução à vida intelectual". — Quanto ao capítulo II, é apenas a segunda parte do Capítulo I de *Uma filosofia aristotélica da cultura*, que achei melhor desmembrar.
2 Da SBPC, Sociedade Brasileira para o Progresso da Ciência.

telepatia crítica); (c) *algumas das cartas que remeti ao diretor da publicação, Ênio Candotti, tentando conscientizá-lo de suas obrigações, esforço a que ele resistiu com a bravura necessária a me fazer compreender finalmente o que a velha teologia queria dizer com a expressão* ignorantia invincibilis.

Na polêmica eclodida em torno de Uma filosofia aristotélica da cultura *entre dezembro de 1994 e fevereiro de 1995 na imprensa carioca, o mais curioso foi que meus oponentes, pródigos em opiniões sobre a pessoa de um autor que nunca tinham visto mais gordo nem viram depois da dieta, não fossem capazes de dizer uma só palavra sobre o conteúdo da tese aqui defendida, a qual certamente escapava não somente à sua compreensão como também ao seu círculo de interesses, sendo, como é, inteiramente alheia a conversas fúteis de velhas corocas. Desafiados publicamente a discuti-la, preferiram refugiar-se no terreno dos insultos pessoais, onde suas alminhas trêmulas e rancorosas se sentiam mais protegidas por ser talvez seu* habitat *natural. Mas, pela coincidência infausta ou fausta de que a essa polêmica em* O Globo *corresse parelha uma outra, sobre diverso assunto, pelas páginas do* Jornal do Brasil, *aconteceu que as duas disputas acabaram se confundindo. Não se confundiriam, é certo, se muitas cabeças supostamente intelectualizadas, neste país, não percebessem as coisas menos segundo as distinções categoriais de Aristóteles do que segundo uma pueril superposição eisensteiniana de imagens ou uma "lógica das aparências" de molde epicúreo, método em que um suíno ou galináceo pode revelar certa perícia antes mesmo de atingir a idade madura. E como o assunto da segunda polêmica fosse nada menos explosivo que o julgamento moral da* intelligentzia, *que, certo ou não, eu acu-*

sava de cumplicidade inconsciente com o banditismo carioca,[3] aconteceu que muitos membros da classe, sentindo-se atingidos num ponto qualquer vulnerável da sua epiderme corporativa e não sabendo ao certo de onde vinha a pancada, acharam que, por via das dúvidas, era melhor se precaverem também contra o meu inocentíssimo Aristóteles. Para o que, naturalmente, era melhor mesmo não tê-lo lido. O resultado foi efetivamente um imbroglio, no melhor estilo crioulo doido, em que se aliaram má consciência, vaidades classistas, picuinhas ideológicas, uma prodigiosa incultura filosófica e uma firme decisão de não entender nada, para dar combate em cerrada frente única a algo que não tinham a menor idéia do que fosse, mas no qual suas células olfativas, desconfiadíssimas como as de um capiau em Nova York, acreditavam reconhecer o vago odor de uma ameaça temível. Ao ver todos aqueles pintainhos correndo esbaforidos para baixo das asas protetoras da solidariedade corporativa, não pude deixar de conjeturar que, na peça que se encenava em seu cirquinho mental, me haviam atribuído o papel de raposa no galinheiro. Atribuição muito lisonjeira para a minha diminuta pessoa, mas, positivamente, maluquice. Ou talvez não: talvez pressentimento certeiro de que uma voz que fale perfeitamente a sério, com aquela sinceridade que une coração e cérebro, ethos e logos, pode estragar todo o efeito da comédia tão meticulosamente montada em que se transformou a vida intelectual brasileira, pode espantar o público e forçar a troupe de surrados palhaços a buscar outro emprego. Não sei, na verdade nem me interessa: o problema é deles.

Meu problema, o único que no caso vinha ao caso, era saber se existe ou não uma unidade dos quatro discursos na lógica de Aristóteles e se dela podemos aproveitar alguma coisa para a nossa busca atual de um saber interdisciplinar. Não entendo como aqueles fulanos chegaram a imaginar que um sujeito

---

3 Refiro-me à série de artigos "Bandidos & Letrados", que o *Jornal do Brasil* começou a publicar em 28 de dezembro de 1994.

metido até a goela numa questão encrencada como esta pudesse ter tempo ou curiosidade de saber a opinião deles sobre a sua pessoa, da qual ele mesmo não se dá o trabalho de pensar coisa alguma desde que, liberto dos conflitos egocêntricos da adolescência, descobriu existir um vasto mundo para lá do seu umbigo. Muito menos penso o que quer que seja a respeito dessas criaturas, cuja conduta no caso, por mais evidentemente estúpida que seja, não me dá elementos para julgar no todo suas respectivas personalidades, que não conheço e que, no sentido mais rigoroso da palavra, não são assunto. Criar opiniões sobre seus semelhantes é uma das ocupações mais ociosas a que um homem pode dedicar sua porca vida. Como dizia Henry James, masters talk about things; servants, about people.

O Capítulo V, reprodução de uma aula do Seminário de Filosofia, ajudará o leitor a apreender a perspectiva histórica em que, na evolução dos estudos aristotélicos no mundo, se insere deliberadamente a minha investigação sobre os Quatro Discursos; e esta perspectiva, uma vez que o olhar a tenha abrangido ao menos num relance, permitirá enxergar a importância vital que o tema deste livro tem não somente para a História da Filosofia, mas para a concepção de uma cultura global e integrada, de uma educação global e integrada, nas quais se depositam hoje as melhores esperanças da humanidade. O contraste entre a altitude destas cogitações e a mesquinhez das reações que o livro suscitou nesta parte do mundo não me infunde nenhuma revolta, já que minha alma pecaminosa é antes inclinada à gula, à preguiça e à luxúria do que a espumar de cólera, mas sim uma tristeza sem remédio, cheia de presságios sombrios sobre o papel que este país pretende representar na História espiritual do mundo. Tristeza que disfarço rindo — rindo o riso melancólico do espectador inerme ante uma tragicomédia histórica.

De qualquer maneira, a reprodução desses documentos no presente volume não tem só a finalidade de registrar para os pósteros uma lamentável realidade do presente. Minha res-

posta ao "consultor" da SBPC contém alguns desenvolvimentos importantes do argumento central, inclusive desde o ponto de vista metafísico, que propositadamente se omitira no corpo do trabalho. Se outros méritos não tem o incógnito personagem, não se lhe pode negar este, de me haver dado a ocasião de explicações que, esperando a oportunidade de receber desenvolvimentos mais minuciosos, talvez não chegassem a dar-se nunca.[4]

É preciso acrescentar ainda que nem todo mundo, no meio universitário, imita em seu modo de pensar aqueles três neurônios que, segundo as últimas contagens, existem na cabeça do diretor de Ciência Hoje, *e dos quais, por medida de economia, ele desfruta em condomínio com os profs. Gilberto Velho e Carlos Henrique Escobar, não deixando nenhum para o sr. Antônio Callado (o qual os tinha em profusão, mas gastou tudo para escrever o* Quarup*). O sr. Fernando de Mello Gomide, em carta a* O Globo *a respeito do episódio, fez observações pertinentes sobre a incultura filosófica das nossas elites científicas. Logo depois a Universidade Católica do Salvador, BA, na pessoa do coordenador acadêmico do seu Instituto de Filosofia e Ciências Humanas, Prof. Dante Augusto Galeffi, tomou a iniciativa de lavar a honra da comunidade universitária brasileira, convidando-me a dar uma série de conferências sobre o tema deste livro, o que fiz em maio de 1995 (sob o título que depois adotei para o presente volume) para uma platéia das mais inteligentes e aplicadas que já vi entre estudantes brasileiros. Quem terminou de retirar a nódoa com que este episódio manchara a reputação do nosso* establishment *acadêmico foi o prof. Miguel Reale, ao aceitar uma versão abreviada deste trabalho para apresentação no V Congresso Brasileiro de Filosofia (São Paulo, setembro de 1995), onde finalmente tive a oportunidade de ouvir e responder a objeções dignas e inteligentes, apresentadas por três*

---

4   Refiro-me especificamente aos parágrafos 1, 12 e 13 do documento, cuja leitura muito ajudará o leitor a compreender o alcance de minha tese central.

autênticos homens de saber: Milton Vargas, Romano Galeffi e Gaston Duval.

Não posso aqui deixar de agradecer a todos os que me apoiaram nessa batalha, que não procurei nem rejeitei, contra a ignorância estabelecida. Evandro Carlos de Andrade abriu as páginas de O Globo *para que nelas eu me defendesse, tornando menos desigual o combate que se travava entre um ilustre desconhecido e a galeria inteira dos cardeais reunidos em concílio sob as bênçãos apostólicas do papa Ennius I. Elizabeth Orsini fez a excelente reportagem que trouxe o assunto a público. Bruno Tolentino, com a veia satírica que herdou de seu antepassado Nicolau, comprou a briga, saiu em campo e tornou os figurões da SBPC objeto de riso nacional. E, entre os muitos que escreveram a mim e aos jornais cariocas em minha defesa, devo uma menção especial ao filólogo Daniel Brilhante de Brito. Umas semanas antes de a encrenca eclodir na imprensa, eu havia mandado um exemplar de* Uma filosofia aristotélica da cultura *a esse respeitado helenista, pedindo-lhe que inspecionasse com rigor minhas elucubrações sobre o vocabulário de Aristóteles. Fiz isso tremendo de medo, consciente de que meus conhecimentos de língua grega não estavam muito acima do nível da cultura filosófica do "avaliador" sbpecéico. Só eu sei o alívio que senti quando o mestre, em vez de me chamar a um canto para me passar um sabão, escreveu ao* Jornal do Brasil *para me elogiar em público, na hora mesma em que os filosofófagos procuravam me assar vivo.*

Não é necessário dizer que todo este episódio da SBPC me impressionou profundamente, mostrando-me que a inépcia das nossas classes letradas podia ser muito mais vasta do que as amostras casuais que dela me haviam chegado até então

podiam ter-me levado a suspeitar. O impacto desta experiência foi, num primeiro momento, deprimente, como no caso de um professor que, tendo dado o melhor de si para explicar durante meses um determinado tópico, de repente se desse conta de que a classe não entendera absolutamente nada. A percepção da inocuidade de seus esforços pedagógicos viria aí, como veio para mim, acompanhada de um terrível sentimento de solidão, de estar numa terra estranha, rodeado de desconhecidos. Lembrei-me então do Diálogo da Conversão do Gentio, *onde o Pe. Manoel da Nóbrega, falando de seu contentamento inicial com as primeiras conversões de índios, relata a triste decepção que sofreu em seguida, ao perceber que se haviam convertido por mero comodismo e sem captar o menor sentido na pregação que aparentemente os cristianizara. Imagino a solidão desse homem, a milhares de quilômetros de casa, ao perceber que falara para as paredes, ou melhor, não havendo paredes no Novo Mundo, para os coqueiros e tatus-bolinhas. Foi isso precisamente o que senti ante o* parecer *da SBPC: a vida intelectual no Brasil era realmente um* parecer, *sem nenhum* ser por dentro, *e eu era um idiota perfeito que me dirigira a seus protagonistas na ilusão de estar dialogando com criaturas vivas. Foi nesse instante que nasceu, de início obscura e indefinida, a inspiração do livro* O Imbecil Coletivo, *como a de uma espécie de tratamento de choque para despertar o moribundo. E hoje, quando ouço essas mesmas criaturas proclamarem que o escrevi para chamar atenção sobre mim, noto que estão ainda mais longe da realidade do que mesmo o episódio da SBPC me fez julgar que estavam; pois nem suspeitam que o escrevi unicamente para chamar sua atenção sobre si mesmas.*

Ao reeditar agora estas pacíficas especulações que deram origem a tantos combates, e ao contemplar a agitação furiosa dessas pobres criaturas que me recusam a condição de filósofo só para dar a si mesmas a ilusão de que teriam o poder de me outorgá-la, tenho vivo em mim o sentimento da ironia da situação. Lembra-me a cena do filme de Woody Allen, em que o herói sem nenhum caráter, Zellig, internado num hospício e recebendo em seu quarto a visita diária da psiquiatra, acredita ser o terapeuta que recebe a paciente em seu consultório. Não por coincidência, Zellig era, na sua universidade imaginária, catedrático de masturbação.

Rio de Janeiro, setembro de 1996.

NOTA PRÉVIA À PRIMEIRA EDIÇÃO DE *UMA FILOSOFIA ARISTOTÉLICA DA CULTURA*

EM FORMATO DE APOSTILA, *o primeiro dos textos que compõem este livreto vem circulando entre meus alunos desde 1993, e o segundo desde 1992. Resumem porém uma idéia que apresento em meus cursos desde 1987: a idéia de que, na filosofia de Aristóteles, a Poética, a Retórica, a Dialética e a Lógica (Analítica), fundadas em princípios comuns, formam uma ciência única.*

Uma opinião tão contrária às tendências dominantes desde vários séculos na interpretação de um grande filósofo deveria, ao apresentar-se em público sob forma de livro, por miúdo e modesto que seja, comparecer inteira, precisa e acompanhada de uma demonstração tanto quanto possível extensiva. Não é o caso deste livreto. A idéia apresenta-se aqui em resumo compacto, sem mais escoras do que umas indicações, muito gerais, das linhas de demonstração cabíveis.[1]

Não que ela esteja ainda em germe no cérebro do autor: sua exposição completa e sua demonstração cabal já foram dadas, várias vezes, nos meus cursos, sendo gravadas em fita e transcritas em apostilas.[2] *Uma vida anormalmente agitada, que em*

---

1   O presente volume vai um pouco além: exemplifica, no Capítulo IV, uma dessas linhas de demonstração.
2   *Uma Filosofia Aristotélica da Cultura* continha só os capítulos de I a III.

nada se aproxima da imagem idealizada do pacato scholar *entre seus livros, que o tema deste livro poderia sugerir ao leitor, tem-me impedido dar a esse material o formato verbal adequado e definitivo, razão pela qual tive de optar, um dia, entre publicar minha interpretação de Aristóteles em abreviatura provisória ou aguardar que algum espertinho, desses que constituem um bom terço ou quarto da nossa população letrada, tendo-a ouvido em meus cursos e conferências, ou talvez reproduzida por alguém que dela tivesse ouvido falar de longe, a apresentasse logo como sua própria e originalíssima descoberta.*

Pois não somente descobri esta coisa, mas dediquei-lhe depois alguns anos suplementares de minha vida, dando-lhe amplas aplicações práticas no domínio da pedagogia e da metodologia filosófica, que o mestre Estagirita, se as visse, não as renegaria de todo, ao menos segundo me lisonjeia crer. E, sem lamber a cria, não vou no entanto entregá-la de mão beijada ao primeiro gavião que passe.

Eis aí que, por mero resguardo de prioridade, resolvi publicar este resumo, que, se por breve é insatisfatório, não peca, segundo creio, por nenhuma imprecisão ou grave lacuna, e que ademais serve de introdução a exposições mais completas que se seguirão, com a ajuda de Deus.

Rio de Janeiro, agosto de 1994.

I. OS QUATRO DISCURSOS[1]

HÁ EMBUTIDA NAS OBRAS de Aristóteles uma idéia medular, que escapou à percepção de quase todos os seus leitores e comentaristas, da Antigüidade até hoje. Mesmo aqueles que a perceberam — e foram apenas dois, que eu saiba, ao longo dos milênios — limitaram-se a anotá-la de passagem, sem lhe atribuir explicitamente uma importância decisiva para a compreensão da filosofia de Aristóteles.[2] No entanto, ela é a chave mesma dessa

---
1 Em vez de reproduzir exatamente o texto da primeira edição, este capítulo segue a versão ligeiramente corrigida que, sob o título "A estrutura do *Organon* e a unidade das ciências do discurso em Aristóteles", apresentei no V Congresso Brasileiro de Filosofia, em São Paulo, 6 de setembro de 1995 (seção de Lógica e Filosofia da Ciência).

2 Esses dois foram Avicena e Sto. Tomás de Aquino. Avicena (Abu 'Ali el-Hussein ibn Abdallah ibn Sina, 375-428 H. / 985-1036 d.C.) afirma taxativamente, na sua obra *Nadjat* ("A Salvação"), a unidade das quatro ciências, sob o conceito geral de "lógica". Segundo o Barão Carra de Vaux, isto "mostra quanto era vasta a idéia que ele fazia desta arte", em cujo objeto fizera entrar "o estudo de todos os diversos graus de persuasão, desde a demonstração rigorosa até à sugestão poética" (cf. Baron Carra de Vaux, *Avicenne*, Paris, Alcan, 1900, pp. 160-161). Sto. Tomás de Aquino menciona também, nos *Comentários às Segundas Analíticas*, I, 1.I, nº 1-6, os quatro graus da lógica, dos quais, provavelmente tomou conhecimento através de Avicena, mas atribuindo-lhes o sentido unilateral de uma hierarquia descendente que vai do mais certo (analítico) ao mais incerto (poético) e dando a entender que, da Tópica "para baixo", estamos lidando apenas com progressivas formas do erro ou pelo menos do conhecimento deficiente. Isto não coincide exatamente com a concepção de Avicena nem com aquela que apresento neste livro, e que me parece ser a do próprio Aristóteles, segundo a qual não há propriamente uma hierarquia de valor entre os quatro argumentos, mas sim uma diferença de funções articuladas entre si e todas igualmente necessárias à perfeição do conhecimento. De outro lado, é certo que Sto.

compreensão, se por compreensão se entende o ato de captar a unidade do pensamento de um homem desde suas próprias intenções e valores, em vez de julgá-lo de fora; ato que implica respeitar cuidadosamente o inexpresso e o subentendido, em vez de sufocá-lo na idolatria do "texto" coisificado, túmulo do pensamento.

A essa idéia denomino *Teoria dos Quatro Discursos*. Pode ser resumida em uma frase: o discurso humano é uma potência única, que se atualiza de quatro maneiras diversas: a poética, a retórica, a dialética e a analítica (lógica).

Dita assim, a idéia não parece muito notável. Mas, se nos ocorre que os nomes dessas quatro modalidades de discurso são também nomes de quatro ciências, vemos que segundo essa perspectiva a Poética, a Retórica, a Dialética e a Lógica, estudando modalidades de uma potência única, *constituem também variantes de uma ciência única*. A diversificação mesma em quatro ciências subordinadas tem de assentar-se na razão da unidade do objeto que enfocam, sob pena de falharem à regra aristotélica das divisões. E isto significa que os princípios de cada uma delas pressupõem a existência de princípios comuns que as subordinem, isto é, que se apliquem por igual a campos tão diferentes entre si como a demonstração científica e a construção do enredo trágico nas peças teatrais. Então a idéia que acabo de atribuir a Aristóteles já começa a nos parecer estranha, surpreendente, extravagante. E as duas perguntas que ela nos sugere de imediato são: terá Aristóteles realmente pensado assim? E, se pensou, pensou com razão? A questão biparte-se portanto numa investigação histórico-filológica e numa crítica filosófica. Não poderei, nas dimensões da presente comunicação, realizar a contento nem

---

Tomás, como todo o Ocidente medieval, não teve acesso direto ao texto da *Poética*. Se tivesse, seria quase impossível que visse na obra poética apenas a representação de algo "como agradável ou repugnante" (*loc. cit.*, nº 6), sem meditar mais profundamente sobre o que diz Aristóteles quanto ao valor filosófico da poesia (*Poética*, 1451 a). De qualquer modo, é um feito admirável do Aquinatense o haver percebido a unidade das quatro ciências lógicas, raciocinando, como o fez, desde fontes de segunda mão.

uma, nem a outra. Em compensação, posso indagar as razões da estranheza.

O espanto que a idéia dos Quatro Discursos provoca a um primeiro contato advém de um costume arraigado da nossa cultura, de encarar a linguagem poética e a linguagem lógica ou científica como universos separados e distantes, regidos por conjuntos de leis incomensuráveis entre si. Desde que um decreto de Luís XIV separou em edifícios diversos as "Letras" e as "Ciências",[3] o fosso entre a imaginação poética e a razão matemática não cessou de alargar-se, até se consagrar como uma espécie de lei constitutiva do espírito humano. Evoluindo como paralelas que ora se atraem ora se repelem mas jamais se tocam, as *duas culturas*, como as chamou C. P. Snow, consolidaram-se em universos estanques, cada qual incompreensível ao outro. Gaston Bachelard, poeta *doublé* de matemático, imaginou poder descrever esses dois conjuntos de leis como conteúdos de esferas radicalmente separadas, cada qual igualmente válido dentro de seus limites e em seus próprios termos, entre os quais o homem transita como do sono para a vigília, desligando-se de um para entrar na outra, e vice-versa:[4] a linguagem dos sonhos não contesta a das equações, nem esta penetra no mundo daquela. Tão funda foi a separação, que alguns desejaram encontrar para ela um fundamento anatômico na teoria dos dois hemisférios cerebrais, um criativo e poético, outro racional e ordenador, e acreditaram ver uma correspondência entre essas divisões e a dupla

---

3   V. Georges Gusdorf, *Les Sciences Humaines et la Pensée Occidentale*, t. I, *De l'Histoire des Sciences à l'Histoire de la Pensée*, Paris, Payot, 1966, pp. 9-41.
4   A obra de Bachelard, refletindo o dualismo metódico do seu pensamento, divide-se em duas séries paralelas: de um lado, os trabalhos de filosofia das ciências, como *Le Nouvel Esprit Scientifique*, *Le Rationalisme Appliqué*, etc.; de outro, a série dedicada aos "quatro elementos" — *La Psychanalyse du Feu*, *L'Air et les Songes*, etc., onde o racionalista em férias exerce livremente o que chamava "o direito de sonhar". Bachelard parecia possuir um comutador mental que lhe permitia passar de um desses mundos ao outro, sem a menor tentação de lançar entre eles outra ponte que não a liberdade de acionar o comutador.

yin-yang da cosmologia chinesa.⁵ Mais ainda, julgaram descobrir no predomínio exclusivo de um desses hemisférios a causa dos males do homem Ocidental. Uma visão um tanto mistificada do ideografismo chinês, divulgada nos meios pedantes por Ezra Pound,⁶ deu a essa teoria um respaldo literário mais do que suficiente para compensar sua carência de fundamentos científicos. A ideologia da "Nova Era" consagrou-a enfim como um dos pilares da sabedoria.⁷

Nesse quadro, o velho Aristóteles posava, junto com o nefando Descartes, como o protótipo mesmo do bedel racionalista que, de régua em punho, mantinha sob severa repressão o nosso chinês interior. O ouvinte imbuído de tais crenças não pode mesmo receber senão com indignado espanto a idéia que atribuo a Aristóteles. Ela apresenta como um apóstolo da unidade aquele a quem todos costumavam encarar como um guardião da esquizofrenia. Ela contesta uma imagem estereotipada que o tempo e a cultura de almanaque consagraram como uma verdade

---

5 Para um exame crítico dessa teoria, v. Jerre Levy, "Right Brain, Left Brain: Fact and Fiction" (*Psychology Today*, may 1985, pp. 43 ss.).

6 Ezra Pound fez um barulho enorme em torno do ensaio de Ernest Fenollosa, *The Chinese Characters as a Medium for Poetry* (London, Stanley Nott, 1936), dando ao Ocidente a impressão de que a língua chinesa constituía um mundo fechado, regido por categorias de pensamento inacessíveis à compreensão Ocidental exceto mediante uma verdadeira torção do conceito mesmo de linguagem. O simbolismo chinês, no entanto, é bem mais parecido com o Ocidental do que imaginam os apreciadores de abismos culturais. Uma similaridade patente que tem escapado a essas pessoas é que existe entre a estrutura do *I Ching* e a silogística de Aristóteles.

7 A crença na teoria dos dois hemisférios é comum a todos os teóricos e gurus da "Nova Era", como Marilyn Ferguson, Shirley MacLaine e Fritjof Capra. Sobre este último, v. meu livro *A Nova Era e a Revolução Cultural. Fritjof Capra & Antonio Gramsci*, Campinas, SP: VIDE Editorial, 2014. O mais curioso desta teoria é que ela pretende vencer a esquizofrenia do homem Ocidental e começa por dar a ela um fundamento anatômico (afortunadamente, fictício). — É evidente, pelo que se verá a seguir, que não levo muito a sério as tentativas, tão meritórias no intuito quanto miseráveis nos resultados, de superar o dualismo mediante a mixórdia metodológica generalizada que admite como critérios de validade científica a persuasividade retórica e a efusão imaginativa (v. por exemplo Paul Feyerabend, *Contra o Método*, trad. Octanny S. da Motta e Leônidas Hegenberg, Rio de Janeiro, Francisco Alves, 1977).

adquirida. Ela remexe velhas feridas, cicatrizadas por uma longa sedimentação de preconceitos.

A resistência é, pois, um fato consumado. Resta enfrentá-la, provando, primeiro, que a idéia é efetivamente de Aristóteles; segundo, que é uma excelente idéia, digna de ser retomada, com humildade, por uma civilização que se apressou em aposentar os ensinamentos do seu velho mestre antes de os haver examinado bem. Não poderei aqui senão indicar por alto as direções onde devem ser buscadas essas duas demonstrações.

Aristóteles escreveu uma *Poética*, uma *Retórica*, um livro de Dialética (os *Tópicos*) e dois tratados de Lógica (*Analíticas* I e II), além de duas obras introdutórias sobre a linguagem e o pensamento em geral (*Categorias* e *Da Interpretação*). Todas essas obras andaram praticamente desaparecidas, como as demais de Aristóteles, até o século I a. C., quando um certo Andrônico de Rodes promoveu uma edição de conjunto, na qual se baseiam até hoje nossos conhecimentos de Aristóteles.

Como todo editor póstumo, Andrônico teve de colocar alguma ordem nos manuscritos. Decidiu tomar como fundamento dessa ordem o critério da divisão das ciências em *introdutórias* (ou lógicas), *teoréticas*, *práticas* e *técnicas* (ou *poiêticas*, como dizem alguns). Esta divisão tinha o mérito de ser do próprio Aristóteles. Mas, como observou com argúcia Octave Hamelin,[8] não há nenhum motivo para supor que a divisão das obras de um filósofo em volumes deva corresponder taco-a-taco à sua concepção das divisões do saber. Andrônico deu essa correspondência por pressuposta, e agrupou os manuscritos, portanto, nas quatro divisões. Mas, faltando outras obras que pudessem entrar sob o rótulo *técnicas*, teve de meter lá a *Retórica* e a *Poética*, desligando-as das demais obras sobre a teoria do discurso, que

---

[8] "É talvez excessivo exigir que as obras de um autor correspondam ponto por ponto à classificação das ciências tal como a compreende esse autor." (Octave Hamelin, *Le Système d'Aristote*, publié par Léon Robin, 4e. éd., Paris, J. Vrin, 1985, p. 82.)

foram compor a unidade aparentemente fechada do *Organon*, conjunto das obras lógicas ou introdutórias.

Somada a outras circunstâncias, essa casualidade editorial foi pródiga em conseqüências, que se multiplicam até hoje. Em primeiro lugar, a Retórica — nome de uma ciência abominada pelos filósofos, que nela viam o emblema mesmo de seus principais adversários, os sofistas — não suscitou, desde sua primeira edição por Andrônico, o menor interesse filosófico. Foi lida apenas nas escolas de retórica, as quais, para piorar as coisas, entravam então numa decadência acelerada pelo fato de que a extinção da democracia, suprimindo a necessidade de oradores, tirava a razão de ser da arte retórica, encerrando-a na redoma de um formalismo narcisista.[9] Logo em seguida, a *Poética*, por sua vez, sumiu de circulação, para só reaparecer no século XVI.[10] Estes dois acontecimentos parecem fortuitos e desimportantes. Mas, somados, dão como resultado nada menos que o seguinte: todo o aristotelismo ocidental, que, de início lentamente, mas crescendo em velocidade a partir do século XI, foi se formando no período que vai desde a véspera da Era Cristã até o Renascimento, ignorou por completo a *Retórica* e a *Poética*. Como nossa imagem de Aristóteles ainda é uma herança desse período (já que a redescoberta da *Poética* no Renascimento não despertou interesse senão dos poetas e filólogos, sem tocar o público filosófico), até hoje o que chamamos de Aristóteles, para louvá-lo ou para maldizê-lo, não é o homem de carne e osso, mas um esquema simplificado, montado durante os séculos que ignoravam duas das obras dele. Em especial, nossa visão da teoria aristotélica do pensamento discursivo é baseada exclusivamente na analítica e na tópica, isto

---

9   Refiro-me ao período da chamada "retórica escolar". V. Ernst Robert Curtius, *Literatura Européia e Idade Média Latina*, trad. Teodoro Cabral, Rio, INL, 1957, pp. 74 ss.
10 Isso torna ainda mais engraçada a trama d'*O Nome da Rosa*, de Umberto Eco, trama propositadamente impossível que o espectador desinformado toma como ficção verossímil: pois como poderia surgir uma disputa em torno da desaparecida Segunda Parte da *Poética* de Aristóteles, numa época que desconhecia até a Primeira?

é, na lógica e na dialética, amputadas da base que Aristóteles tinha construído para elas na poética e na retórica.[11]

Mas a mutilação não parou aí. Do edifício da teoria do discurso, haviam sobrado só os dois andares superiores — a dialética e a lógica —, boiando sem alicerces no ar como o quarto do poeta na "Última canção do beco" de Manuel Bandeira. Não demorou a que o terceiro andar fosse também suprimido: a dialética, considerada ciência menor, já que lidava somente com a demonstração provável, foi preterida em benefício da lógica analítica, consagrada desde a Idade Média como a chave mesma do pensamento de Aristóteles. A imagem de um Aristóteles constituído de "lógica formal + sensualismo cognitivo + teologia do Primeiro Motor Imóvel" consolidou-se como verdade histórica jamais contestada.

Mesmo o prodigioso avanço dos estudos biográficos e filológicos inaugurado por Werner Jaeger[12] não mudou isso. Jaeger apenas derrubou o estereótipo de um Aristóteles fixo e nascido pronto, para substituir-lhe a imagem vivente de um pensador que evolui no tempo em direção à maturidade das suas idéias. Mas o produto final da evolução não era, sob o aspecto aqui abordado, muito diferente do sistema consagrado pela Idade Média:

---

11 No quadro medieval, o fenômeno que descrevo tem certamente alguma relação com uma estratificação social que colocava os sábios e filósofos, classe sacerdotal, acima dos poetas, classe de servidores da corte ou artistas de feira. O *status* inferior do poeta em relação aos sábios nota-se tanto na hierarquia social (veja-se o papel decisivo que no desenvolvimento literário medieval desempenharam os *clerici vagantes*, ou goliardos, todo um "proletariado eclesiástico" à margem das universidades), quanto na hierarquia das ciências mesmas: os estudos literários estavam rigorosamente fora do sistema educacional da escolástica, e as mais elevadas concepções filosóficas da Idade Média foram escritas num latim bastante grosseiro, sem que isto, na ocasião, suscitasse qualquer estranheza e muito menos reações de escândalo esteticista como as que viriam a eclodir no Renascimento. Cf., a propósito, Jacques Le Goff, *Os Intelectuais na Idade Média*, trad. Luísa Quintela, Lisboa, Estudios Cor, 1973, Cap. I § 7.

12 V. Werner Jaeger, *Aristoteles. Bases para la Historia de su Desarrollo Intelectual*, trad. José Gaos, México, Fondo de Cultura Económica, 1946 (o original alemão é de 1923).

sobretudo a dialética seria nele um resíduo platônico, absorvido e superado na lógica analítica.

Mas essa visão é contestada por alguns fatos. O primeiro, ressaltado por Éric Weil, é que o inventor da lógica analítica jamais se utiliza dela em seus tratados, preferindo sempre argumentar dialeticamente.[13] Em segundo lugar, o próprio Aristóteles insiste em que a lógica não traz conhecimento, mas serve apenas para facilitar a verificação dos conhecimentos já adquiridos, confrontando-os com os princípios que os fundamentam, para ver se não os contradizem. Quando não possuímos os princípios, a única maneira de buscá-los é a investigação dialética que, pelo confronto das hipóteses contraditórias, leva a uma espécie de iluminação intuitiva que põe em evidência esses princípios. A dialética em Aristóteles é, portanto, segundo Weil, uma *logica inventionis*, ou lógica da descoberta: o verdadeiro método científico, do qual a lógica formal é apenas um complemento e um meio de verificação.[14]

Mas a oportuna intervenção de Weil, se desfez a lenda de uma total hegemonia da lógica analítica no sistema de Aristóteles, deixou de lado a questão da retórica. O mundo acadêmico do século XX ainda subscreve a opinião de Sir David Ross, que por sua vez segue Andrônico: a *Retórica* tem "um propósito puramente prático"; "não constitui um trabalho teórico" e sim "um manual para o orador".[15] Mas à *Poética*, por seu lado, Ross atribui um valor teórico efetivo, sem reparar que, se Andrônico errou neste caso, pode também ter se enganado quanto à *Retóri-*

---

13 Essa constatação fez surgir por sua vez a disputa entre os intérpretes que consideram Aristóteles um pensador *sistemático* (que parte sempre dos mesmos princípios gerais) e os que o enxergam como pensador *aporético* (que ataca os problemas um por um e vai subindo na direção do geral sem ter muita certeza de aonde vai chegar). A abordagem sugerida no presente trabalho tem, entre outras, a ambição de resolver essa disputa. V., adiante, Cap. VII.

14 V. Éric Weil, "La Place de la Logique dans la Pensée Aristotélicienne", em *Éssais et Conférences*, t. I, *Philosophie*, Paris, Vrin, 1991, pp. 43-80.

15 Sir David Ross, *Aristóteles*, trad. Luís Filipe Bragança S. S. Teixeira, Lisboa, Dom Quixote, 1987, p. 280 (o original inglês é de 1923).

ca. Afinal, desde o momento em que foi redescoberta, a *Poética* também foi encarada sobretudo como "um manual prático" e interessou antes aos literatos do que aos filósofos.[16] De outro lado, o próprio livro dos *Tópicos* poderia ser visto como "manual técnico" ou pelo menos "prático" — pois na Academia a dialética funcionava exatamente como tal: era o conjunto das normas práticas do debate acadêmico. Enfim, a classificação de Andrônico, uma vez seguida ao pé da letra, resulta em infindáveis confusões, as quais se podem resolver todas de uma vez mediante a admissão da seguinte hipótese, por mais perturbadora que seja: como ciências do discurso, a Poética e a Retórica fazem parte do *Organon*, conjunto das obras lógicas ou introdutórias, e não são portanto nem teóricas nem práticas nem técnicas. Este é o núcleo da interpretação que defendo. Ela implica, porém, uma profunda revisão das idéias tradicionais e correntes sobre a ciência aristotélica do discurso. Esta revisão, por sua vez, arrisca ter conseqüências de grande porte para a nossa visão da linguagem e da cultura em geral. Reclassificar as obras de um grande filósofo pode parecer um inocente empreendimento de eruditos, mas é como mudar de lugar os pilares de um edifício. Pode exigir a demolição de muitas construções em torno.

As razões que alego para justificar essa mudança são as seguintes:

1. As quatro ciências do discurso tratam de quatro maneiras pelas quais o homem pode, pela palavra, influenciar a mente de outro homem (ou a sua própria). As quatro modalidades

---

16 Desde a sua primeira tradução comentada (Francesco Robortelli, 1548), a *Poética* redescoberta vai moldar por dois séculos e meio os padrões do gosto literário, ao mesmo tempo que, no campo da Filosofia da Natureza, o aristotelismo recua, banido pelo avanço vitorioso da nova ciência de Galileu e Bacon, Newton e Descartes. Isto mostra, de um lado, a total separação entre o pensamento literário e a evolução filosófica e científica (separação característica do Ocidente moderno, e que se agravará no decorrer dos séculos); de outro, a indiferença dos filósofos pelo texto redescoberto. Sobre as raízes aristotélicas da estética do classicismo europeu, v. René Wellek, *História da Crítica Moderna*, trad, Lívio Xavier, São Paulo, Herder. t. I, Cap. I.

de discurso caracterizam-se por seus respectivos *níveis de credibilidade:*

(a) O discurso poético versa sobre o *possível* (δυνατος,[17] *dínatos*), dirigindo-se sobretudo à imaginação, que capta aquilo que ela mesma presume (εικαστικος, *eikástikos*, "presumível"; εικασια, *eikasia*, "imagem", "representação").

(b) O discurso retórico tem por objeto o *verossímil* (πιθανος, *pithános*) e por meta a produção de uma *crença firme* (πιστις, *pístis*) que supõe, para além da mera presunção imaginativa, a anuência da *vontade*; e o homem influencia a vontade de um outro homem por meio da persuasão (πειθω, *peitho*), que é uma ação psicológica fundada nas crenças comuns. Se a poesia tinha como resultado uma *impressão*, o discurso retórico deve produzir uma *decisão*, mostrando que ela é a mais adequada ou conveniente dentro de um determinado quadro de crenças admitidas.

(c) O discurso dialético já não se limita a sugerir ou impor uma crença, mas submete as crenças à prova, mediante ensaios e tentativas de traspassá-las por objeções. É o pensamento que vai e vem, por vias transversas, buscando a verdade entre os erros e o erro entre as verdades (δια, *diá* = "através de" e indica também duplicidade, divisão). Por isto a dialética é também chamada *peirástica*, da raiz *peirá* (πειρα = "prova", "experiência", de onde vêm πειρασμος, *peirasmos*, "tentação", e as nossas palavras *empiria, empirismo, experiência* etc., mas também, através de πειρατες, *peirates*, "pirata": o símbolo mesmo da vida aventureira, da viagem sem rumo predeterminado). O discurso dialético mede enfim, por ensaios e erros, a *probabilidade* maior ou menor de uma crença ou tese, não segundo sua mera concordância com as crenças comuns, mas segundo as exigências superiores da racionalidade e da informação acurada.

(d) O discurso lógico ou analítico, finalmente, partindo sempre de premissas admitidas como indiscutivelmente certas, chega,

---

17 Por dificuldades técnicas de edição, omito aqui os acentos das palavras gregas.

pelo encadeamento silogístico, à *demonstração certa* (αποδειξις, *apodêixis*, "prova indestrutível") da veracidade das conclusões.

É visível que há aí uma *escala de credibilidade* crescente: do possível subimos ao verossímil, deste para o provável e finalmente para o certo ou verdadeiro. As palavras mesmas usadas por Aristóteles para caracterizar os objetivos de cada discurso evidenciam essa gradação: há, portanto, entre os quatro discursos, menos uma diferença de natureza que de grau.

Possibilidade, verossimilhança, probabilidade razoável e certeza apodíctica são, pois, os conceitos-chave sobre os quais se erguem as quatro ciências respectivas: a Poética estuda os meios pelos quais o discurso poético abre à imaginação o reino do possível; a Retórica, os meios pelos quais o discurso retórico induz a vontade do ouvinte a admitir uma crença; a Dialética, aqueles pelos quais o discurso dialético averigua a razoabilidade das crenças admitidas, e, finalmente, a Lógica ou Analítica estuda os meios da demonstração apodíctica, ou certeza científica. Ora, aí os quatro conceitos básicos são relativos uns aos outros: não se concebe o verossímil fora do possível, nem este sem confronto com o razoável, e assim por diante. A conseqüência disto é tão óbvia que chega a ser espantoso que quase ninguém a tenha percebido: as quatro ciências são inseparáveis; tomadas isoladamente, não fazem nenhum sentido. O que as define e diferencia não são quatro conjuntos isoláveis de caracteres formais, porém quatro possíveis atitudes humanas ante o discurso, quatro motivos humanos para falar e ouvir: o homem discursa para abrir a imaginação à imensidade do possível, para tomar alguma resolução prática, para examinar criticamente a base das crenças que fundamentam suas resoluções, ou para explorar as conseqüências e prolongamentos de juízos já admitidos como absolutamente verdadeiros, construindo com eles o edifício do saber científico. *Um discurso é lógico ou dialético, poético ou retórico, não em si mesmo e por sua mera estrutura interna, mas pelo objetivo a que tende em seu conjunto,* pelo propósito humano que visa a realizar. Daí que os quatro sejam distinguíveis, mas não isoláveis: cada um deles só é o que é quando considerado no contexto da cultura, como expressão de intuitos humanos. A idéia moderna de delimitar uma linguagem "poética em si" ou "lógica em si" pareceria aos olhos de Aristóteles uma substancialização absurda, pior ainda: uma coisificação alienante.[18] Ele ainda não estava contaminado pela esquizofrenia que hoje se tornou o estado normal da cultura.

2. Mas Aristóteles vai mais longe: ele assinala a diferente disposição psicológica correspondente ao ouvinte de cada um dos quatro discursos, e as quatro disposições formam também, da maneira mais patente, uma gradação:

(a) Ao ouvinte do discurso poético cabe afrouxar sua exigência de verossimilhança, admitindo que "não é verossímil que tudo sempre aconteça de maneira verossímil", para captar a verdade universal que pode estar sugerida mesmo por uma narrativa aparentemente inverossímil.[19] Aristóteles, em suma, antecipa a *suspension of disbelief* de que falaria mais tarde Samuel Taylor Coleridge. Admitindo um critério de verossimilhança mais flexível, o leitor (ou espectador) admite que as desventuras do herói

---

18 Quatro fatos da história do pensamento contemporâneo fazem ressaltar a importância dessas observações. 1°) Todas as tentativas de isolar e definir por seus caracteres intrínsecos uma "linguagem poética", diferenciando-a materialmente da "linguagem lógica" e da "linguagem cotidiana" fracassaram redondamente. V., a respeito, Mary Louise Pratt, *Toward a Speech Act Theory of Literary Discourse*, Bloomington, Indiana University Press, 1977. 2°) De outro lado, desde Kurt Gödel é geralmente reconhecida a impossibilidade de extirpar do pensamento lógico todo resíduo intuitivo. 3°) Os estudos de Chaim Perelman (*Traité de l'Argumentation. La Nouvelle Rhétorique*, Bruxelles, Université Libre, 1978), Thomas S. Kuhn (*The Structure of Scientific Revolutions*) e Paul Feyerabend (*cit.*) mostram, convergentemente, a impossibilidade de erradicar da prova científico-analítica todo elemento dialético e mesmo retórico. 4°) Ao mesmo tempo, a existência de algo mais que um mero paralelismo entre princípios estéticos (vale dizer, poéticos, em sentido lato) e lógico-dialéticos na cosmovisão medieval é fortemente enfatizada por Erwin Panofsky (*Architecture Gothique et Pensée Scolastique*, trad. Pierre Bourdieu, Paris, Éditions de Minuit, 1967). Esses fatos e muitos outros no mesmo sentido indicam mais que a conveniência, a urgência do estudo integrado dos quatro discursos.

19 V. *Poética*, 1451 a-b.

trágico poderiam ter acontecido a ele mesmo ou a qualquer outro homem, ou seja, são possibilidades humanas permanentes.

(b) Na retórica antiga, o ouvinte é chamado *juiz*, porque dele se espera uma decisão, um voto, uma sentença. Aristóteles, e na esteira dele toda a tradição retórica, admite três tipos de discursos retóricos: o discurso *forense*, o discurso *deliberativo* e o discurso *epidíctico*, ou de louvor e censura (a um personagem, a uma obra, etc.).[20] Nos três casos, o ouvinte é chamado a decidir: sobre a culpa ou inocência de um réu, sobre a utilidade ou nocividade de uma lei, de um projeto, etc., sobre os méritos ou deméritos de alguém ou de algo. Ele é, portanto, consultado como autoridade: tem o poder de decidir. Se no ouvinte do discurso poético era importante que a imaginação tomasse as rédeas da mente, para levá-la ao mundo do possível num vôo do qual não se esperava que decorresse nenhuma conseqüência prática imediata, aqui é a *vontade* que ouve e julga o discurso, para, decidindo, criar uma situação no reino dos fatos.[21]

(c) Já o ouvinte do discurso dialético é, interiormente ao menos, um participante do processo dialético. Este não visa a uma decisão imediata, mas a uma aproximação da verdade, aproximação que pode ser lenta, progressiva, difícil, tortuosa, e nem sempre chega a resultados satisfatórios. Neste ouvinte, o impulso de decidir deve ser adiado indefinidamente, reprimido mesmo: o dialético não deseja persuadir, como o retórico, mas chegar a uma conclusão que idealmente deva ser admitida como razoável por ambas as partes contendoras. Para tanto, ele tem de refrear o desejo de vencer, dispondo-se humildemente a mudar de opinião se os argumentos do adversário forem mais razoáveis. O dialético não defende um partido, mas investiga uma hipótese. Ora, esta investigação só é possível quando ambos

---

20 Sobre as três modalidades na tradição retórica, v. Heinrich Lausberg, *Elementos de Retórica Literária*, trad. R. M. Rosado Fernandes, Lisboa, Fundação Calouste Gulbenkian, 2ª ed., 1972.

21 *Retórica*, 1358 a — 1360 a.

os participantes do diálogo conhecem e admitem os princípios básicos com fundamento nos quais a questão será julgada, e quando ambos concordam em ater-se honestamente às regras da demonstração dialética. A atitude, aqui, é de isenção e, se preciso, de resignação autocrítica. Aristóteles adverte expressamente os discípulos de que não se aventurem a terçar argumentos dialéticos com quem desconheça os princípios da ciência: seria expor-se a objeções de mera retórica, prostituindo a filosofia.[22]

(d) Finalmente, no plano da lógica analítica, não há mais discussão: há apenas a demonstração linear de uma conclusão que, partindo de premissas admitidas como absolutamente verídicas e procedendo rigorosamente pela dedução silogística, não tem como deixar de ser certa. O discurso analítico é o monólogo do mestre: ao discípulo cabe apenas receber e admitir a verdade. Caso falhe a demonstração, o assunto volta à discussão dialética.[23]

De discurso em discurso, há um afunilamento progressivo, um estreitamento do admissível: da ilimitada abertura do mundo das possibilidades passamos à esfera mais restrita das crenças realmente aceitas na *praxis* coletiva; porém, da massa das crenças subscritas pelo senso comum, só umas poucas sobrevivem aos rigores da triagem dialética; e, destas, menos ainda são as que podem ser admitidas pela ciência como absolutamente certas e funcionar, no fim, como premissas de raciocínios cientificamente válidos. A esfera própria de cada uma das quatro ciências é portanto delimitada pela contigüidade da antecedente e da subseqüente. Dispostas em círculos concêntricos, elas formam o mapeamento completo das comunicações entre os homens civilizados, a esfera do saber racional possível.[24]

---

22 *Tópicos*, IX 12, 173 a 29 ss.
23 Entre a analítica e a dialética, "a diferença é, segundo Aristóteles, aquela que há entre o curso de ensinamento dado por um professor e a discussão realizada em comum, ou, para dizer de outro modo, a que há entre o monólogo e o diálogo científicos" (Éric Weil, *op. cit.*, p. 64).
24 É quase impossível que Aristóteles, cientista natural com a mente repleta de analogias

3. Finalmente, ambas as escalas são exigidas pela teoria aristotélica do conhecimento. Para Aristóteles, o conhecimento começa pelos dados dos sentidos. Estes são transferidos à memória, imaginação ou fantasia (φαντασια), que os agrupa em imagens (εικοι, *eikoi*, em latim *species, speciei*), segundo suas semelhanças. É sobre estas imagens retidas e organizadas na fantasia, e não diretamente sobre os dados dos sentidos, que a inteligência exerce a triagem e reorganização com base nas quais criará os esquemas eidéticos, ou conceitos abstratos das espécies, com os quais poderá enfim construir os juízos e raciocínios. Dos sentidos ao raciocínio abstrato, há uma dupla ponte a ser atravessada: a fantasia e a chamada *simples apreensão*, que capta as noções isoladas. Não existe salto: sem a intermediação da fantasia e da simples apreensão, não se chega ao estrato superior da racionalidade científica. Há uma perfeita homologia estrutural entre esta descrição aristotélica do processo cognitivo e a Teoria dos Quatro Discursos. Não poderia mesmo ser de outro modo: se o indivíduo humano não chega ao conhecimento racional sem passar pela fantasia e pela simples apreensão, como poderia a coletividade — seja a *polis* ou o círculo menor dos estudiosos — chegar à certeza científica sem o concurso preliminar e sucessivo da imaginação poética, da vontade organizadora que se expressa na retórica e da triagem dialética empreendida pela discussão filosófica?

Retórica e Poética uma vez retiradas do exílio "técnico" ou "poiético" em que as pusera Andrônico e restauradas na sua condição de ciências filosóficas, a unidade das ciências do discurso leva-nos ainda a uma verificação surpreendente: há embutida nela toda uma filosofia aristotélica da cultura como expressão

---

entre a esfera dos conceitos racionais e os fatos da ordem física, não reparasse no paralelismo — direto e inverso — entre os quatro discursos e os quatro elementos, diferenciados, eles também, pela escalaridade do mais denso para o mais sutil, em círculos concêntricos. Num curso proferido no IAL em 1988, inédito exceto numa série de apostilas sob o título geral de "Teoria dos Quatro Discursos", investiguei mais extensamente esse paralelismo, que aqui não cabe senão mencionar de passagem.

integral do *logos*. Nessa filosofia, a razão científica surge como o fruto supremo de uma árvore que tem como raiz a imaginação poética, plantada no solo da natureza sensível. E como a natureza sensível não é para Aristóteles apenas uma "exterioridade" irracional e hostil, mas a expressão materializada do *Logos* divino, a cultura, elevando-se do solo mitopoético até os cumes do conhecimento científico, surge aí como a tradução humanizada dessa Razão divina, espelhada em miniatura na autoconsciência do filósofo. Aristóteles compara, com efeito, a reflexão filosófica à atividade autocognoscitiva de um Deus que consiste, fundamentalmente, em autoconsciência. O cume da reflexão filosófica, que coroa o edifício da cultura, é, com efeito, *gnosis gnoseos*, o conhecimento do conhecimento. Ora, este se perfaz tão somente no instante em que a reflexão abarca recapitulativamente a sua trajetória completa, isto é, no momento em que, tendo alcançado a esfera da razão científica, ela compreende a unidade dos quatro discursos através dos quais se elevou progressivamente até esse ponto. Aí ela está preparada para passar da ciência ou filosofia à sabedoria, para ingressar na Metafísica, que Aristóteles, como bem frisou Pierre Aubenque, prepara mas não realiza por completo, já que o reino dela não é deste mundo.[25] A Teoria dos Quatro Discursos é, *nesse sentido*, o começo e o término da filosofia de Aristóteles. Para além dela, não há mais saber propriamente dito: há somente a "ciência que se busca", a aspiração do conhecimento supremo, da *sophia* cuja posse assinalaria ao mesmo tempo a realização e o fim da filosofia.

---

25 V. Pierre Aubenque, *Le Problème de l'Être chez Aristote. Éssai sur la Problematique Aristotélicienne*, Paris, P.U.F., 1962.

II. UM MODELO ARISTOTÉLICO
DA HISTÓRIA CULTURAL

A VITALIDADE DA FILOSOFIA aristotélica da cultura pode ser evidenciada por uma sua aplicação e extensão óbvia, que Aristóteles não fez, mas que podemos fazer em seu nome: a Teoria dos Quatro Discursos não descreve apenas a estrutura básica do mundo cultural, mas também a sua dinâmica, ou pelo menos um dos princípios básicos da sua evolução. Podemos denominá-lo *princípio da sucessão dos discursos dominantes*.

Esse princípio resume-se assim: *cada um dos quatro discursos desfruta de autoridade durante um certo período da história, e a ordem da sucessão dos discursos dominantes acompanha a escala da credibilidade crescente, do poético para o analítico.* Por "autoridade" entendo o fundamento implícito da credibilidade automática que o público concede ao discurso da classe dominante.

1. O discurso poético surge com os primeiros oráculos, na noite dos tempos. É por excelência o discurso de uma casta sacerdotal. É o molde dos *Vedas*, dos poemas de Homero, do *Tao-te-king* e do Antigo Testamento. Caracteriza-se por insistir "relativamente muito pouco numa separação clara entre sujeito e objeto: o acento é antes colocado no sentimento de que sujeito e objeto estão ligados por uma potência ou energia comum... comum à pessoa humana e ao ambiente natural... As palavras

estão carregadas de poder ou de forças dinâmicas"; pronunciá-las "pode ter repercussões sobre a ordem da natureza".[1]

2. O discurso poético vai perdendo sua autoridade, no Ocidente, com a dissolução da religião grega tradicional a partir do séc. VII a. C., com o advento do individualismo religioso e do culto de Dionísios, quando a poesia se torna um instrumento de expressão de emoções individuais, não compartilhadas necessariamente pela comunidade.[2] O discurso retórico começa a tornar-se dominante com o estabelecimento da *polis* e sobretudo após a reforma de Sólon (séc. VI a. C.). Dissemina-se mediante a atividade dos sofistas, professores de oratória da classe dominante. Conserva sua autoridade na Grécia, depois em Roma, até que o fim da República Romana (séc. I a. C.) suprime sua razão de ser (não havendo política, a oratória torna-se um exercício gratuito). De força estruturante da consciência social, a retórica vai aos poucos tornando-se objeto de pesquisa e de estudo escolar; com Quintiliano (séc. I a. C.), já estamos em plena era da retórica escolar: ocupação de eruditos desligados da vida ativa.[3]

3. O advento do Cristianismo (um enxerto de origem oriental) abre um hiato nessa evolução, restaurando temporariamente a autoridade da linguagem poética, que permaneceria dominante até pelo menos o fim da Era Patrística (séc. VI d. C.). Mas logo a tradição cristã seria arrastada pelo curso geral da evolução.

4. O discurso dialético, inaugurado por Sócrates (séc. V a. C.) e exemplificado nos *Diálogos* de Platão, onde aparece como instância suprema para a arbitragem de todas as questões metafísicas, científicas, éticas e políticas, não se torna socialmente

---

[1] Northrop Frye, *Le Grand Code. La Bible et la Littérature*, trad. Cathérine Malamoud, Paris, Le Seuil, 1984, pp. 44-45.
[2] Cf. Eduard Zeller, *Outlines of the History of Greek Philosophy*, ed. Wilhelm Nestle, transl. by L. R. Palmer, New York, Meridian Books, 1955, pp. 24-36 (o original alemão é de 1883; trata-se de um resumo, feito pelo próprio autor, da sua obra monumental *Philosophie der Griechen*).
[3] Sobre a retórica escolar, v. Ernst-Robert Curtius, *Literatura Européia e Idade Média Latina*, trad. Teodoro Cabral, Rio, INL, 1957, Cap. IV, 4 e 8.

dominante (apesar de toda a expansão das escolas filosóficas no mundo antigo) antes do fim da Era Patrística, a partir de quando vai progressivamente se tornando o instrumento básico de unificação da doutrina cristã e de sua defesa contra as heresias (superando a argumentação puramente retórica dos primeiros exegetas, como Tertuliano). O auge do prestígio da dialética é alcançado na grande escolástica do século XIII, quando a linguagem dialética é definitivamente assumida como roupagem "oficial" do pensamento cristão. O idealismo alemão, cinco séculos mais tarde, é uma reação dialética tardia ante o avanço da nova ciência de base lógico-analítica.[4]

5. O discurso lógico-analítico fica em segundo plano até o século XVI, quando o racionalismo clássico, com Spinoza, Descartes, Malebranche e Leibniz começa a impor o primado de uma ciência integralmente dedutiva.[5] O novo modelo influenciará até mesmo a teologia católica: no séc. XVIII, a *Teologia Moral* de Sto. Afonso de Ligório surge como um monumento do dedutivismo, em matéria que se poderia crer profundamente hostil a esse gênero de ordenação. Reforçado pelos avanços das matemáticas, o dedutivismo alcançará o cume da sua autoridade no séc. XX, com a nova física teórica de Einstein e Planck, a lógica matemática, o sucesso dos modelos informáticos, etc. O império da ciência é o império da lógica analítica.[6]

---

4   Sobre a dialética no Idealismo alemão, v. a obra sempre atual de Josiah Royce, *Lectures on Modern Idealism*, de 1906 (trad. espanhola de Vicente P. Quintero, *El Idealismo Moderno*, Buenos Aires, Imán, 1945).

5   V. José Ortega y Gasset, *La Idea de Principio en Leibniz y la Evolución de la Teoría Deductiva*, em *Obras Completas*, Madrid, Alianza Editorial, 1983, t. 8.

6   Isso não significa que a credibilidade pública do argumento se deva ao fato de ele ter *realmente* um fundamento científico (lógico-analítico), mas simplesmente ao fato de que o público supõe que ele o tem. Do mesmo modo, na época da hegemonia do discurso mitopoético, nem sempre este discurso precisaria ter realmente as propriedades assinaladas por Frye; bastava que as tivesse *na expectativa do público*. Hoje, leis contra o fumo, por exemplo, ou decretos anti-inflacionários, não são aceitos porque têm *realmente* um fundamento científico (coisa que se pode discutir indefinidamente), mas porque o público acredita que têm. A autoridade do pajé, igualmente, não se funda necessariamente em poderes mágicos reais, mas na crença geral de que ele tem poderes mágicos. Em todos os

6. A cada transferência do eixo de prestígio, o discurso anterior não cai em desuso, mas muda de lugar, adquirindo novas funções, que acabam por produzir mudanças profundas na sua constituição interna:

(a) Com o reinado da retórica, a poesia deixa de ser a linguagem de uma religião coletiva, para tornar-se expressão de sentimentos individuais, ao mesmo tempo que toma consciência de si como meio de expressão e, em decorrência, se aprimora tecnicamente: em oposição à grandeza simples e natural dos épicos, vêm os delicados requintes da lírica grega.

(b) A retórica, ao perder sua autoridade, sofre três alterações fundamentais: 1ª, torna-se objeto de sistematização erudita, com Quintiliano (só se pode sistematizar num esquema fechado aquilo que já não tem vigência, atualidade; comparadas à suma de Quintiliano, as *Retóricas* de Aristóteles e de Cícero — dirigidas a um público interessado no seu uso prático imediato — parecem esboços parciais e provisórios); 2ª, já não é usada tanto em discursos políticos e forenses, mas na comunicação privada (*ars dictandi*, a arte de escrever cartas); 3ª, começa a fundir-se com a poética, organizando um recenseamento abrangente dos *topoi*, lugares-comuns, figuras de pensamento e de linguagem para todos os objetivos e situações; e é deste recenseamento que nasce toda a literatura moderna[7] e mesmo o conceito Ocidental de "literatura" como atividade autônoma.

(c) Com o fortalecimento do discurso analítico (sobretudo a partir da fundação da primeira Faculdade de Ciências por Napoleão), o discurso dialético, acuado, procura um refúgio no campo

---

casos, o fundamento da credibilidade tem algo de uma profecia auto-realizável: se a sociedade acredita que uma idéia tem fundamento científico, apóia com verbas as pesquisas que vão na direção dela, e negligencia a investigação em outras direções; e, como bem viu Lévi-Strauss, a crença geral num poder mágico é, até certo ponto ao menos, fonte real de poder mágico (v. "O feiticeiro e sua magia", em *Antropologia Estrutural*, trad. Chaim Samuel Katz e Eginardo Pires, Rio de Janeiro, Tempo Brasileiro, 1975).

7 Curtius, *op. cit.*, Cap. I, vê nesse fenômeno a origem dos caracteres peculiares que distinguem a literatura européia de todas as demais literaturas.

da História e das "humanidades", tentando aí conservar seus privilégios em oposição ao avanço vitorioso do método lógico-analítico que vai dominando as ciências naturais. O resultado é duplo: de um lado, a formação das atuais "ciências humanas"; de outro lado, com Hegel e Marx, a elevação da dialética a uma filosofia integral da História. Daí nasce um duplo conflito, que conservou uma certa atualidade no nosso século pelo menos até a década de 70: de um lado, a disputa entre ciências humanas e naturais; de outro, a guerra entre marxistas e neopositivistas.[8]

Interessante e ao mesmo tempo trágico é o destino do discurso poético num mundo regido pela lógica analítica. Inicialmente, a poética vai se tornando cada vez mais consciente de si como conjunto de meios linguísticos, fazendo com que a "literatura" adquira aos poucos um lugar autônomo como expressão de cultura. Mais tarde, com Mallarmé e Joyce, essa autonomia é levada às últimas consequências: a forma literária proclama sua independência de qualquer "conteúdo", corta seus laços com o mundo da experiência humana e do saber. O "fechamento" da poética em si mesma, que é em parte um protesto radical e desesperado contra o primado do discurso analítico, dá a certas obras da literatura do séc. XX um tom enigmático que simula o mistério, a linguagem mágica da primitiva poesia oracular. Mas é expressão individual, sem autoridade pública, e ninguém espera que tenha poder sobre a natureza externa. É oráculo "vazio", pura forma conceptual de oráculo sem verdadeira função oracular.[9] É um fim de ciclo.

---

8 Tema ainda atual, ao menos no Brasil: a disputa entre socialdemocratas e neoliberais opõe a autoridade da dialética à da lógica analítica. Elucidar as diferenças de pressupostos metodológicos é a única maneira, a meu ver, de arbitrar com alguma justiça esse debate, como procurei fazer nas páginas finais de *O Jardim das Aflições*. Não é preciso dizer que, num caso e no outro, autoridade não significa validade, mas apenas expectativa de validade: nem sempre a dialética dos socialdemocratas ou a lógica dos neoliberais ultrapassa, *de fato*, o nível das alegações retóricas.

9 V. Hugo Friedrich, *Estrutura da Lírica Moderna*, trad. brasileira, 2a. ed., São Paulo, Duas Cidades, 1991, Cap. I.

A Teoria dos Quatro Discursos contém portanto, implicitamente, todo um modelo descritivo da história cultural, que pode ser aplicado, com bons resultados, também a outras civilizações. Por exemplo, no mundo islâmico a fase inicial oracular começa com a revelação corânica e as sentenças do Profeta; logo em seguida formam-se os partidos, cada qual com sua retórica;[10] a proliferação dos discursos retóricos cria a necessidade da triagem dialética, que vem com Al-Kindi, Al-Ghazzali, Avicena; finalmente a teologia islâmica se organiza em sistema dedutivo graças aos grandes comentaristas ortodoxos, como Bukhari. No séc. XX, a teologia do movimento fundamentalista leva o conseqüencialismo abstrato a extremos, por exemplo com Said Qutub, no comentário em trinta volumes, *À Sombra do Corão* — o equivalente, por sua estrutura (não por seu conteúdo, é claro), à *Teologia Moral* de Sto. Afonso.

Que essa teoria, embora não seja um modelo explicativo-causal mas apenas descritivo, tenha uma força elucidativa tão profunda quando aplicada à evolução histórica das civilizações, é coisa que não deve estranhar, de vez que Aristóteles é, afinal, o inventor mesmo do conceito de *evolução orgânica*, pelo qual a identidade de uma substância não é apenas seu padrão estático, mas a matriz de suas transformações no tempo, dialética da permanência na mudança. Aristóteles foi ainda o introdutor da explicação genética, não somente em ciências naturais, mas na história do pensamento. É uma exigência intrínseca do método

---

10 A retórica mussulmana atinge imediatamente o cume da perfeição já na primeira geração subseqüente à do Profeta, com o imâm Ali.

dialético: cada um dos tratados de Aristóteles começa por uma resenha histórica, em que o estado presente de uma questão é explicado pela evolução temporal dos debates — o que torna Aristóteles, no fim das contas, também o inventor do gênero "História das ciências". Não há nada de estranho em que dele proceda, mesmo após tantos séculos, a inspiração de um novo modelo de história da cultura.

Estranho é que a visão aristotélica da unidade da cultura tenha se esvanecido ao longo dos tempos, sem que nenhum dos nostálgicos da unidade perdida tenha se lembrado de procurá-la em Aristóteles, julgando mais fácil ir buscá-la na China.[11]

---

11 Como ocorre, por exemplo, em F. Capra, *O Ponto de Mutação*, trad. Álvaro Cabral, São Paulo, Cultrix, 1982.

III. A PRESENÇA DA TEORIA ARISTOTÉLICA DO DISCURSO NA HISTÓRIA OCIDENTAL[1]

JÁ LHES FOI DITO, nas aulas anteriores, que este curso se baseia numa idéia original de Aristóteles; que essa idéia, embutida e como que oculta no *corpus* dos escritos aristotélicos, tinha de ser desenterrada e mostrada à luz do dia, para que então pudéssemos tirar dela os princípios de uma nova pedagogia.[2]

Todos sabem que Aristóteles escreveu uma *Poética*, uma *Retórica*, um tratado sobre a Dialética (os *Tópicos*) e um conjunto de livros sobre a Lógica, ou, como ele preferiria chamá-la, a Demonstração Analítica, reunidos sob o nome geral de *Organon*.

Sabem, igualmente, da importância das idéias de Aristóteles na evolução do pensamento ocidental, e estão cientes de que esses livros, em especial, serviram de regra e moldura para um infinidade de idéias e criações da mente européia durante mais de dois mil anos. Livros tão influentes devem, logicamente, ter estendido seu raio de ação também à Educação. De fato, gera-

---

1 Aula proferida no *Seminário Permanente de Filosofia e Humanidades* do Instituto de Artes Liberais, em maio de 1992. Gravação em fita, transcrita pelos alunos e corrigida pelo autor.

2 As aplicações pedagógicas da Teoria dos Quatro Discursos não serão assunto do presente volume. Não são um projeto, e sim um trabalho já em execução há quase uma década no *Seminário de Filosofia*.

ções e gerações de filósofos e cientistas foram adestradas no *Organon*, assim como gerações de poetas, oradores, dramaturgos e romancistas absorveram da *Poética* e da *Retórica* muitas das regras básicas do seu ofício. Aristóteles, sem dúvida, é um dos pais da cultura européia, junto com Platão. Para medirmos a extensão da influência exercida pelos dois filósofos na formação dessa cultura, basta notar que as outras duas forças formadoras, que a ela se somaram, foram ambas criações coletivas, sedimentadas em séculos de experiência: o Direito romano e a Teologia judaico-cristã. Na origem da cultura européia, a contribuição dos dois filósofos gregos ombreia-se, em importância e durabilidade, ao legado de duas civilizações inteiras.

Mas, apesar da sua magnitude, a influência de Aristóteles seguiu, ao longo dos séculos, uma linha de desenvolvimento que, quando a examinei de mais perto, me pareceu estranha e anormal. Já veremos do que se trata. Porém mais estranho ainda me pareceu o fato de que, em geral, os historiadores não tivessem reparado nessa anormalidade.

Para descrever por alto esse esquisitíssimo fenômeno, tenho de primeiro fazer um recuo e falar da gnoseologia de Aristóteles.

É amplamente sabido que, no debate secular entre gnoseologias empiristas e racionalistas, a de Aristóteles ocupa uma posição intermediária que, na falta de melhor nome, se chama de *intelectualista*. Esta posição intermediária foi com freqüência mal interpretada, de modo que Aristóteles pôde ser qualificado, conforme a ocasião, ora de racionalista integral, ora de pai dos empiristas.

Protótipo do racionalista puro foi Spinoza, segundo o qual o raciocínio solitário, operando apenas segundo suas próprias leis e independentemente de dados externos, pode atingir as mais altas verdades, ao passo que da experiência não se obtêm senão conhecimentos incertos e acidentais.

O oposto simétrico de Spinoza é John Locke, apóstolo do empirismo radical. Segundo Locke, o homem nasce como uma folha em branco, na qual as experiências sucessivas vão registrando imagens, até que, por acumulação de casos semelhantes, as imagens se organizam por si mesmas em padrões a cujo conjunto damos o nome de "razão"; de modo que a razão mesma nasce da experiência.

O chamado intelectualismo de Aristóteles consiste em atribuir à razão e à experiência funções interligadas e complementares, de modo que, na discussão quanto à origem do conhecimento, nenhuma delas pode reivindicar unilateralmente a primazia da sua contribuição.

Mas não se trata apenas de um equilíbrio estático entre os contrários. Aristóteles foi também o inventor de um conceito que se tornaria, até hoje, dos mais fecundos na filosofia e nas ciências, que é o conceito de *desenvolvimento orgânico*; e, como tal, acreditava que só se pode conhecer bem um ente ou fenômeno quando se estuda a sua gênese e o desenvolvimento progressivo das estruturas internas que o constituem. Por isto, ao abordar o problema do conhecimento, ele descrevia a origem e o desenvolvimento do aparato cognitivo humano de tal maneira que tanto a perspectiva empirista quanto a racionalista se encaixavam nela harmoniosamente, cada qual referida a uma fase e a um aspecto do processo cognitivo. Quando se perdeu de vista esta unidade do conhecimento como potência de uma forma viva que cresce e se desenvolve, surgiu então o debate de empiristas contra racionalistas, e Aristóteles, à revelia, passou a ser alistado ora num, ora noutro dos partidos.

Raciocinando aristotelicamente: só podemos compreender uma disputa, e eventualmente resolvê-la, quando investigamos o terreno comum do qual emergiram os antagonismos; a investigação da gênese terminará, na maior parte dos casos, por revelar os adversários como nada mais que "irmãos inimigos". Em Aristóteles, de fato, encontra-se como que uma síntese inicial cujos elementos, séculos mais tarde, viriam a exteriorizar-se, divididos, no antagonismo de racionalistas e empiristas.

Segundo Aristóteles, todo conhecimento humano tem origem, temporalmente, nas *sensações*. Se os cinco sentidos não nos informassem do que se passa no mundo, não teríamos conhecimento nenhum. Mas todos os bichos têm sensações, e neste sentido sabem tanto quanto nós. Se alguns bichos sabem mais do que os outros, a diferença não deve ser buscada nas sensações, e sim em alguma outra função, que neles tenha um desenvolvimento decisivamente superior. Esta função é a *memória*.[3] O homem é o animal que tem a memória mais rica e diferenciada, e por isto sabe mais do que os outros animais.

Até aqui, Aristóteles parece um empirista. Mas a memória, para ele, não é mero registro passivo. Ela é também faculdade imaginativa, que combina e funde as imagens, criando novos padrões. Memória e imaginação são para Aristóteles uma só e mesma faculdade, que ele denomina *fantasia*, e que realiza duas operações diversas conforme repita as mesmas imagens ou as combine com outras formando uma multidão inesgotável de misturas. A simples imagem retida na memória, que reproduz esquematicamente um ente ou um fato, Aristóteles denomina-a *fantasma* (sem conotações macabras). À medida que os fantasmas se acumulam na memória, esta passa a reagir criativamente, recombinando essas imagens, esquematizando-as, selecionando-as e simplificando-as, de modo que uma multiplicidade de fantasmas parecidos uns com os outros pode se condensar numa imagem única. A imaginação organiza os conteúdos da memória, alinhando batalhões de fantasmas em imagens sintéticas, ou esquemas, que designam as coisas espécie por espécie, e não unidade por unidade. Deste modo, para reconhecer a idéia de "vaca", um homem não precisa recordar, uma por uma, todas as vacas que já viu, o que tornaria inviável o trabalho da inteligência; mas ele produz na imaginação uma só imagem esquemática de vaca, e esta indica "todas" as vacas, ou, dito em terminologia técnica, a

---

3   *Met.*, A, 1, 980a21-30.

espécie vaca. A imagem prototípica indica a "essência" da espécie vaca, que abarca sinteticamente todas as vacas. Não por coincidência, a palavra grega *eidos*, que Aristóteles emprega, significa ao mesmo tempo "essência" e "imagem"; e, em latim, a palavra *species* significa indiferentemente "espécie", no sentido de "classe de semelhantes", ou também "imagem". É a imaginação que faz a ponte entre o conhecimento sensorial e o pensamento lógico.

O pensamento lógico consiste, essencialmente, de coerência entre esquemas. Ele é uma vasta estruturação de relações de contigüidade, sucessão, pertinência, oposição, semelhança, diferença, escalaridade hierárquica, etc. etc. Como poderia realizar estas operações *diretamente* sobre a variedade inesgotável dos dados sensíveis? Se estes não estivessem previamente selecionados, resumidos e simplificados na memória e imaginação, seria preciso a força de um pensamento divino para conter numa moldura lógica toda a multiplicidade inabarcável do que nos chega pelos sentidos. Mas o pensamento lógico não opera direto sobre o percebido, e sim somente sobre a parte selecionada e simplificada que se deposita e permanece na memória, sob a forma de esquemas ou *espécies*.

É assim que se torna possível a conquista suprema do pensamento lógico: o *conceito*. O conceito abarca numa só operação mental não somente espécies de entes, mas espécies de relações entre entes, e espécies de espécies, isto é, gêneros. E de gênero em gênero pode ir subindo, para abarcar as relações mais gerais e universais até conceber as relações meramente possíveis e as gradações de possibilidade que hierarquizam e relacionam as possibilidades entre si.

Mas o conceito é nada mais que um esquema puramente verbal (ainda que inexpresso), que simplifica ainda mais o esquema sensível com que a memória por sua vez resumia toda uma espécie de seres. Isto quer dizer que o pensamento só age desde um certo nível de generalidade para cima. Daí a importância estratégica da imaginação: para os cinco sentidos, só existe o *aqui e agora*, o caso concreto, o dado imediato; para o pensamento, só existe o conceito, o geral, o esquema de esquemas, cada vez mais rarefeito e universal. Sem a mediação imaginativa, essas duas faculdades cognitivas estariam separadas por um abismo. O homem teria talvez sensações como um coelho; e talvez por dentro até pensasse alguma coisa, como um computador; mas não poderia pensar sobre o que sente *de fato*, isto é, raciocinar sobre a experiência vivida; nem poderia, de outro lado, orientar a experiência pelo raciocínio, buscando novos conhecimentos. Seria tão eficiente quanto um computador operado por um coelho, e tão vivo quanto um coelho desenhado na tela de um computador.

O pensamento lógico não seria possível sem a ajuda desta faculdade tantas vezes desprezada, caluniada, abandonada às crianças e aos loucos: a imaginação. Quando, pela mediação imaginativa, o que foi a nós *apresentado* pelos sentidos se torna *representação*, imagem repetida de mim para mim mesmo, então e só então torna-se possível *pensar*. Muitas vezes, meditando nisto, verifiquei que é um milagre, ou, se quiserem, um paradoxo. Pois, para o pensamento, só existe o genérico, e o genérico não é nada em particular, enquanto, para os sentidos, a imagem é sempre de um ser singular e concreto. A imaginação produz um estranho ser, a *espécie*, que, ao mesmo tempo, é singular e é genérica. Nos sentidos, uma vaca é uma vaca. No pensamento, o conceito de vaca não é vaca nenhuma, é só um esquema mental. Mas, na imaginação, uma vaca é uma vaca ou muitas vacas, a gosto do freguês, e é também uma vaca que é todas ao mesmo tempo; e é nesta maluquice que se fundamenta a conexão entre pensamento lógico e realidade vivida. Por isto mais tarde Ricardo e Hugo de S. Vítor homenageariam a imaginação com o título *imaginatio mediatrix* — "imaginação mediadora". E, muitos séculos depois, Benedetto Croce confessaria: "Se o homem não fosse animal fantástico, não seria também animal lógico".[4] Nas cosmologias gregas e medievais, a imaginação ou fantasia foi tida como o análogo, no microcosmo humano, do que é a Alma do Mundo na escala cósmica; através da Alma do Mundo os arquétipos eternos contidos na Razão divina ou Logos descem e se tornam seres reais viventes. E, no mundo cristão, a Alma do Mundo foi identificada à Santa Virgem, Mãe do Logos encarnado. A teoria aristotélica da imaginação está no fundo de tudo isto.

Assim, segundo Aristóteles, o conhecimento se constitui de uma série de filtragens, seleções e estruturações progressivas, que começam nos sentidos (na experiência) e culminam na estruturação racional do conhecimento. Esta, por sua vez, organiza racionalmente a ação, possibilitando uma nova e forma de experiência, e assim por diante. Cada faculdade que, na escalada cognitiva, vai entrando em ação, opera uma nova seleção entre o acidental e o essencial, e insere os conhecimentos obtidos numa estrutura cada vez mais ampla, coesa e funcional. O conhecimento não vem da experiência, nem da razão: vem da estruturação racional da experiência depositada na memória e depurada pela imaginação; estruturação essa que se molda, de um lado, na constituição do homem enquanto ser biológico e, de outro, nos princípios ontológicos universais captados intuitivamente e diversamente refletidos nas formas dos quatro discursos. O conhecimento é para Aristóteles um processo unitário, orgânico, que se eleva progressivamente desde as formas elementares, comuns ao homem e ao animal, até as grandes sínteses da ciência e da filosofia.

Esta unidade, este caráter orgânico do conhecimento, é a tese principal da gnoseologia de Aristóteles. É uma herança que, abandonada durante os séculos de disputa entre racionalistas e empiristas, foi retomada no século XX por Maurice Pradines,

---

[4] Benedetto Croce, *Logica come Scienza del Concetto Puro*, Bari, Laterza, 1971 [1ª ed., 1905], p. 5.

com sua "lei da gênese recíproca" das faculdades cognitivas,[5] por Jean Piaget com sua teoria genética das estruturas lógicas,[6] assim como, num domínio mais restrito, pela *gramática gerativa* de Noam Chomsky. A semente aristotélica continua dando frutos.

Mas a unidade do processo cognitivo, em Aristóteles, é um resultado ou expressão da unidade do homem mesmo. A gnoseologia de Aristóteles provém da sua antropologia, ou concepção do homem.

O homem é, para Aristóteles, o animal racional. Animalidade racional é a definição ou essência do homem. Animalidade e racionalidade estão fundidas nele de modo essencial e inseparável. A descrição do processo cognitivo, dada por Aristóteles, não é nada mais que a narrativa da passagem do conhecimento animal, ou puramente sensível, ao conhecimento racional ou propriamente humano. Mas não se trata daquilo que Engels chamou *conversão do animal em homem* e sim de uma perfeita continuidade, através de uma mutação que não faz outra coisa senão revelar, na forma final adquirida por um ser em sua evolução, uma essência que, presente desde a origem, dirigia ocultamente essa evolução.[7]

É preciso compreender isto à luz da teoria aristotélica da *potência* e do *ato*. "Ato" quer dizer efetivo, pleno, patente, realizado. A terminologia filosófica ainda usa a palavra "atual" neste

---

[5] Cf. Maurice Pradines, *Traité de Psychologie Générale*, t. I, *Le Psychisme Élémentaire*, 3ᵉ éd., Paris, P.U.F., 1948, pp. 108-109, 376-379, 390-396 e 691-726.

[6] V. Jean Piaget, *Biologie et Connaissance*, Paris, Gallimard, 1967.

[7] É também nesse sentido profundo, e não só como estudioso de anatomia comparada, que Aristóteles foi considerado pelo próprio Charles Darwin um precursor da teoria da evolução. Mas, quando entendemos que o evolucionismo aristotélico é moldado segundo a teoria da potência e do ato, torna-se plausível buscar também em Aristóteles um princípio de arbitragem e conciliação entre as teorias evolucionistas e anti-evolucionistas, mediante o uso da dialética que distingue entre as várias acepções dos conceitos. Durante muito tempo, acreditou-se que havia incompatibilidade entre os conceitos fixos das espécies e a evolução animal; creio que se poderia superar essa incompatibilidade pela simples distinção entre espécies lógicas (metafísicas) e biológicas, uma distinção que certamente não escaparia ao próprio Aristóteles, que tanto enfatizou a inexistência de formas lógico-matemáticas puras na natureza.

sentido, o que soa às vezes estranho, porque a palavra portuguesa *actual*, ao perder o *c* da ortografia antiga, perdeu junto com ele a acepção de *efetividade*, conservando somente a de *contemporaneidade*, por sua vez muito restrita em relação ao sentido do *ato* aristotélico.

A potência é definida pelo ato, e não ao contrário. Todo poder é poder de manifestar-se em ato de poder, e por isto a potência não pode ser concebida em si e independentemente do ato. O ato, por seu lado, é ato independentemente da potência (por isto o supremo poder, Deus, é assim definido por Aristóteles: Ato puro).

Deste modo, quando Aristóteles define o homem como animal racional, ele não quer dizer nem que todos os homens sejam racionais efetivamente e em tudo, nem que a razão seja uma "potência impotente", incapaz de se efetivar. Ao contrário: o homem *enquanto espécie* é definido pela potência da razão, justamente na medida em que nele essa potência busca efetivar-se e *pode* fazê-lo. Um homem pode, acidentalmente, estar privado dos meios de efetivar a potência da razão, mas a *espécie* humana é humana justamente porque, nela, essa potência tende a converter-se em ato e de fato o faz na maioria dos casos. (A *privação*, segundo Aristóteles, é uma anormalidade, e a definição de uma espécie expressa justamente o que nela é normal, ou melhor, normativo.)

Pode-se dizer que um bebê recém-nascido "ainda não é" racional, que nele a razão está embutida, em estado latente. Mas razão potencial já é razão, e não outra coisa, porque é potencial justamente na medida em que tende a converter-se em ato. Deste modo, a história da gênese do conhecimento humano não é outra coisa senão a *história da passagem da razão humana da potência ao ato*. Do conhecimento sensitivo para o imaginativo e deste para o racional não existe corte nem ruptura, mas sim somente a progressiva efetivação da potência racional que já está embutida nas sensações mesmas. Homóloga e complementarmente, cada ente material tem, na sua forma sensível, a expressão do seu princípio interno de organização, que constitui o seu aspecto inteligível. Por uma sucessão de depurações abstrativas, o conhecimento consiste em captar então o inteligível *no sensível* (e não fora e acima dele, como pretendia o platonismo).

Como, por outro lado, na metafísica aristotélica cada ser tem uma *entelequia*, ou finalidade imanente, que o define e ocultamente o dirige para a meta em que se realiza plenamente, é claro que a razão, como entelequia, dirige desde dentro a evolução cognitiva do homem até a plena efetivação da potência que o define. Deste modo, a razão não "surge" de repente e desde fora, sobrepondo-se à imaginação e às sensações, mas já está de algum modo embutida, imbricada e agente na sensitividade e, depois, na imaginação. Karl Marx, grande admirador de Aristóteles, tiraria depois a conclusão implícita nesta gnoseologia, ao observar que no homem o conhecimento pelos sentidos não é uma simples função animal, mas é, desde o início, sensitividade *humana*.[8] E Maurice Pradines iria mais além, com uma grandiosa tentativa de descrever a atuação oculta da inteligência racional imbricada na sensibilidade, como uma bússola secreta que dirige os primeiros ensaios cognitivos do recém-nascido.[9] O homem não é racional só quando raciocina, mas também, implicitamente, quando percebe e imagina. Ele não poderia humanizar-se nunca se já não fosse humano desde o início.

Esta breve descrição da gnoseologia e da antropologia aristotélicas poderia ser completada com a da cosmologia de Aristóteles, que mostra o cosmos escalonando-se em graus hierárquicos desde a Razão divina até os seres do mundo sensível. Isto mostraria a gênese do conhecimento humano como uma espécie de imagem invertida e dialeticamente complementar da estrutura do mundo. Mas seria uma explicação demasiado exten-

---

8   Cf. Karl Marx, 1ª *Tese sobre Feuerbach*.
9   Pradines, *loc. cit.*.

sa, e na verdade não é preciso fazê-la para que se compreenda perfeitamente bem aonde quero chegar.

Quero chegar à conclusão inevitável de que, se o processo cognitivo, para Aristóteles, é uma unidade orgânica que vem das sensações, passa pela imaginação, se eleva ao pensamento e chega à organização racional do mundo, sem salto nem descontinuidade, do mesmo modo o *método* do conhecimento, o *Organon* ou instrumento metodológico que estrutura a atividade científica, deveria ser também uma unidade coesa, a expressão de um organismo em evolução sem hiatos. Ele deveria abarcar todas as modalidades de conhecimento, do sensitivo ao racional, estabelecendo os elos e passagens de um a outro, bem como as conversões e retornos, de modo que víssemos as etapas desenvolvendo-se umas de dentro das outras, sem ruptura. Para esse fim, *Organon* deveria conter, antes da lógica propriamente dita, uma "lógica da imaginação", sem a qual a armadura das ciências arriscaria reduzir-se a um mero conjunto de esquemas formais, sem ligação com a realidade da experiência. Dito de outro modo, e pensando mais no aspecto pedagógico do *Organon*: a formação do sábio não deveria começar pela disciplina da imaginação?

No entanto, quando examinamos os escritos metodológicos de Aristóteles, o *Organon*, tal como o conhecemos hoje na forma consagrada da seleção feita por Andrônico de Rodes e repetida em todas as edições posteriores do *corpus* aristotélico, vemos que ele já começa do conhecimento racional para cima; ocupa-se da ciência dos conceitos como se estes fossem *causa sui* e não requeressem, como condição prévia, uma ciência das imagens. Comparada com a sua gnoseologia, com a sua antropologia e com a sua cosmologia, a metodologia de Aristóteles parece uma estátua que, começando da cintura para cima, boiasse no ar sem pernas nem pedestal.

Muitos escritos de Aristóteles, é verdade, perderam-se. A história dos manuscritos de Aristóteles é um verdadeiro romance de aventuras, no qual a maior parte dos personagens termina morta ou desaparecida. Talvez entre esses desaparecidos estivesse uma metodologia do conhecimento imaginativo. Qualquer que seja o caso, o que passou para a História como metodologia de Aristóteles é o que está no *Organon*, e só.

Tal como está, o *Organon*, no entanto, continuou a exercer uma grande influência na filosofia, nas ciências e na Educação, ao longo dos séculos, sem que ninguém se lembrasse de perguntar aonde tinha ido parar o conhecimento imaginativo, tão importante no esquema total da filosofia de Aristóteles. Durante toda a Idade Média, o *Organon* desempenhou, no ensino superior da filosofia, o papel de instrumento e de propedêutica filosófica que lhe fora originariamente destinado, sem que suscitasse qualquer estranheza o fato de que ele abria acesso somente às ciências e à filosofia, mas não a qualquer forma de conhecimento imaginativo. Não é estranho que isto ocorresse numa época em que as artes se desenvolveram pelo menos tanto quanto a filosofia, e em que os princípios da arquitetura (para mencionar só uma das artes) guardam uma relação tão estreita com os princípios do pensamento lógico?[10]

Ao mesmo tempo, o público continuou, desde a Antigüidade, a ler a *Retórica* e a *Poética* (esta menos, como se verá adiante), mas como se nada tivessem a ver com o *Organon* e não fossem senão obras marginais, de índole mais prática que teórica, compostas pelo sábio grego nas horas de folga do labor filosófico "verdadeiramente sério".

O público interessado na *Retórica* e na *Poética*, de fato, foi se diferenciando cada vez mais do público filosófico "de ofício", que se concentrava na leitura do *Organon* e no dos tratados de Física e Metafísica, deixando aqueles trabalhos de assunto "literário" para as pessoas mais imaginativas, menos intelectuais e... menos capacitadas.

---

10 V. Erwin Panofsky, *Architecture Gothique et Pensée Scolastique*, trad. Pierre Bourdieu, Paris, Les Éditions de Minuit, 1978.

A *Retórica* continuou a despertar interesse, mas muito pouco entre os filósofos e mais entre os professores de gramática. Mesmo a importância política da obra foi diminuindo com o tempo. À medida que a democracia antiga se dissolvia, cedendo lugar a regimes mais centralizados, já não havia mais necessidade de oradores, porque os debates públicos escasseavam; e a Retórica foi se tornando mero exercício escolar.

Quanto à *Poética*, acabou por ser quase que totalmente esquecida, já na Antiguidade, permanecendo no ostracismo até o fim da Idade Média. Segundo informa o eminente filólogo Segismundo Spina, "a *Poética* não deve ter tido muita difusão na Antiguidade. O próprio Horácio, cuja *Ars Poetica* é visivelmente inspirada na do filósofo grego, não demonstra haver conhecido diretamente a *Poética* de Aristóteles".[11] No Oriente ainda houve algum interesse por ela: uma versão siríaca surgiu no século VI, e foi passada para o árabe no século XI. No Ocidente, só no Renascimento "a *Poética* de Aristóteles se tornou objeto de curiosidade, de edições, estudos e traduções... A estética clássica elaborada ao longo do século XVI na Itália tem seu fundamento no pequeno código aristotélico".[12] O primeiro trabalho a chamar a atenção para essa obra parece ter sido o comentário de Francesco Robortelli, publicado em 1548.

A partir de então um volume crescente de traduções e comentários foi expandindo a influência da *Poética*, que do século XVI ao XVIII está no centro dos debates pró e contra a estética do classicismo. Curiosamente, esse interesse se restringe quase que exclusivamente aos poetas, dramaturgos, teóricos da literatura, bem longe do grêmio dos filósofos de ofício. Estes, por seu lado, não só permaneceram alheios ao ressurgimento da *Poética* como também foram se afastando cada vez mais do Aristóteles que conheciam, movidos pela rebelião geral contra a escolástica,

---

11 Segismundo Spina, *Introdução à Poética Clássica*, São Paulo, F.T.D., 1967, p. 47.
12 Spina, *loc. cit.*.

que explode pela mesma época e inaugura a chamada filosofia moderna, com Descartes, Bacon, Newton, Galileu, Leibniz. Esta filosofia, movida por um novo conceito de experiência (a experiência matematizável, proposta por Galileu, em oposição ao velho critério da experiência sensível imediata, defendido pelos escolásticos), foi tomando vias cada vez mais divergentes do pensamento medieval (e, portanto, de Aristóteles, ao menos como o entendia a Idade Média). Não faltaram historiadores que interpretassem a eclosão da filosofia e da ciência renascentistas como uma libertação de um jugo aristotélico de mais de quinze séculos.

Que coisa mais estranha! O Renascimento, como todo mundo sabe, veio com uma revalorização das letras, da poesia e da retórica, que passaram a ter uma projeção cultural que lhes fora negada na Idade Média, com o primado da filosofia acadêmica. Essa revalorização ocorre junto e em parte graças à redescoberta da *Poética* aristotélica, de modo que Aristóteles, no instante mesmo em que acreditam destroná-lo no campo científico, ressurge como patrono do renascimento literário.

O mais esquisito de tudo é o seguinte. A Idade Média, ainda que nada tendo encontrado sobre o conhecimento imaginativo em Aristóteles, cultivou e elevou a uma grande perfeição essa modalidade de conhecimento, como se vê em toda a estética dos Vitorinos,[13] de Sto. Tomás de Aquino,[14] de S. Boaventura, bem como na síntese pedagógica das Artes Liberais que deu a Dante Alighieri a fórmula da perfeição artística: as verdades do *Quadrivium* vazadas nas formas do *Trivium*. Em suma, o universo medieval é absolutamente incompreensível sem referência a um tipo de pensamento imaginativo, simbólico, o qual parece, no entanto, haver se desenvolvido totalmente à margem das

---

13   V. Edgar De Bruyne, *Estudios de Estetica Medieval*, trad. Armando Suárez, o. p., Madrid, Gredos, 1958, vol. III, pp. 214-265.
14   V. Umberto Eco, *Il Problema Estetico in Tommaso d'Aquino*, 2ª ed., Milano, Bompiani, 1970.

idéias estéticas de Aristóteles, só redescobertas no século XVI. Ora, o advento da ciência moderna coincide, justamente, com a dissolução desse pensamento simbólico, que, na entrada da modernidade, vai sendo substituído cada vez mais por um sistema classificatório, de base puramente lógico-analítica.[15]

Talvez por isto a *Poética* de Aristóteles tenha sido compreendida, então, num sentido marcadamente racionalista, ao ponto de a poética clássica dos séculos XVI e XVII entrar para a História como um sinônimo de rigorismo formalista e de controle férreo do imaginário. Mas podemos realmente interpretar Aristóteles nesse sentido, ou este é somente o Aristóteles visto por um século racionalista?

Qualquer que seja o caso, a sucessão de episódios que estou recordando marca uma das etapas mais intrincadas da evolução do pensamento Ocidental. Os fatos que aqui menciono estão longe de terem sido elucidados pelos historiadores. Na verdade, a maior parte destes nem mesmo se deu conta da estranheza dos eventos: um Aristóteles que ressurge enquanto outro declina, uma ascensão das artes (em detrimento da pura filosofia) ao mesmo tempo que desaparece ou se desvaloriza a linguagem simbólica, uma estética racionalista fundada num autor que valorizava o conhecimento imaginativo como condição prévia do racional — tudo isto forma um emaranhado tão denso, que já basta para dar por terra com o simplismo do esquema "Idade Média *versus* Renascimento", identificado com "aristotelismo *versus* ciência moderna". As transformações que ocorreram nessa época não foram uniformes, mas, das artes à ciência, da filosofia à religião, foram, em muitos casos, variadas, confusas e mesmo contraditórias. Sobretudo, a história da influência aristotélica perde aqui toda a sua aparente linearidade, para se enroscar num nó de contradições.

---

15   V. Gilbert Durand, *Science de l'Homme et Tradition*, Paris, Tête-de-Feuilles/Sirac, 1978.

Se, porém, olharmos para o outro lado do mundo, para o Oriente, de onde nos vieram em versão árabe, a partir do século XI, as obras de Aristóteles, veremos que aí as coisas tomaram um rumo diferente. É claro que também aí houve confusões (como por exemplo a de se tomar como obra de Aristóteles, durante séculos, uma *Teologia* da escola neoplatônica), mas o ponto que aqui interessa é que, na filosofia islâmica, Aristóteles foi compreendido de maneira um pouco diferente, e que talvez devamos olhar para essa filosofia em busca da solução para alguns dos enigmas acima apontados. Mas isto é tarefa de historiador. A mim, aqui, cabe ressaltar o seguinte ponto: na filosofia islâmica *conservou-se ao menos a noção geral de uma metodologia integral de Aristóteles, unindo o conhecimento imaginativo ao conhecimento racional*, ao mesmo tempo que esta noção se perdia no Ocidente. Esta perda — que, por seu lado, restaria a ser explicada — poderia estar na raiz das confusões que mencionei.

Avicena, por exemplo, afirma explicitamente que a *Lógica* aristotélica, ou *Organon*, se divide em Poética, Retórica, Dialética e Lógica propriamente dita, além da Sofística.

Notem bem: ele diz que a *Poética* e a *Retórica* fazem parte do *Organon* tanto quanto os *Tópicos*, as *Analíticas* etc.. Avicena pouco mais nos diz a respeito, mas o que disse já é suficiente para mostrar que ele entendeu a unidade das ciências do discurso em Aristóteles aproximadamente no sentido que nos interessa.

Ora, no Ocidente não se entendeu assim. Os filósofos Ocidentais concentraram suas atenções na Lógica e na Dialética, deixando a Poética e a Retórica para os professores de Gramática... Perdeu-se, com isto, a visão da unidade orgânica da metodologia de Aristóteles.[16] A parte amputada e relegada a segundo

---

16 Sto. Tomás, no trecho citado na n. 1, chega a mencionar a gradação de credibilidade, mas tomando-a no sentido de uma escala de *validade*, o que resulta em julgar os quatro discursos desde o ponto de vista da analítica, tomada como modelo de perfeição a que os outros discursos tenderiam. Isto é, Sto. Tomás resvala no assunto, mas não chega a penetrar nele.

plano vingar-se-ia mais tarde, voltando sob as vestes de estética clássica no Renascimento, enquanto no campo filosófico a nova ciência renascentista ia sepultando a versão escolástica da Lógica e Dialética aristotélicas. Ironias da História.

IV. A TIPOLOGIA UNIVERSAL DOS DISCURSOS[1]

UMA VEZ ASSENTADO que segundo Aristóteles os tipos fundamentais do discurso são quatro, resta perguntar se ele tem razão; se na verdade não são três, ou cinco, ou noventa, e se no seu arranjo recíproco não conviria antes dispô-los numa ordem diversa e segundo uma outra grade de relações; resta averiguar enfim quais argumentos podemos convocar em defesa da concepção aristotélica que não foram propostos — e talvez nem sequer antevistos — pelo próprio Aristóteles. Resta demonstrar a *necessidade lógica* da hipótese dos quatro discursos, de preferência entrando no tema por um lado diferente daquele por onde o aborda o Estagirita, de modo a evidenciar que por outra vias se chega ao mesmo resultado. E se existe uma abordagem que, inventada por Aristóteles, quase nunca é praticada por ele, é justamente a via analítico-demonstrativa. Raciocinarei, portanto, à maneira de Spinoza, por pura dedução, *more geometrico*, mostrando que por este caminho se chega aos mesmos resultados que a filologia sugere pela interpretação dos textos e a dialética sustenta pela exclusão das hipóteses contrárias.

---

1   Aula gravada em fita, transcrição por Ana Célia Rodrigues. São Paulo, 1989. Distribuída aos alunos do Rio de Janeiro em 1991.

I. CONCEITOS DE BASE

1. Todo discurso é movimento, é *transcurso* de uma proposição a outra. Tem um termo inicial e um termo final: premissas e conclusão, com um desenvolvimento no meio. A unidade formal do discurso depende da sua unidade de propósito, isto é, da disposição das várias partes em vista da conclusão desejada.

2. *Premissa* é aquilo que é tomado como já sabido ou já admitido, e que, deste modo, fica *aquém* do discurso. Há premissas explícitas e implícitas: as primeiras são mencionadas no início ou no corpo do discurso; as segundas não são declaradas. A omissão das premissas pode ser proposital ou não. O emissor pode ter certas crenças tão arraigadas e habituais que, sem pensar nelas, as tome inadvertidamente como premissas; neste caso as denominamos *pressupostos*, para diferenciá-las das premissas omitidas intencionalmente.

3. A unidade de propósito manifesta-se pelo fato de que as várias partes que compõem um discurso devem estar ligadas por algum nexo, seja ele lógico, analógico, cronológico, etc. Denomino a este nexo *unidade formal*, com a ressalva de que vários tipos de nexo, presentes num mesmo discurso, podem servir a uma mesma unidade de propósito.

4. O propósito de todo discurso é suscitar uma *modificação* no ouvinte, por tênue e passageira que seja. Mudar de opinião é ser modificado; receber uma informação é ser modificado; sentir uma emoção é ser modificado.

5. À aceitação, pelo receptor, da modificação proposta, denomino *credibilidade*.

6. Chamo *credibilidade inicial* a disposição prévia de acompanhar um discurso, aceitando ao menos provisoriamente as suas premissas; *credibilidade final*, a plena aceitação da modificação proposta.

A credibilidade inicial exige a aceitação ao menos provisória das premissas; ela mesma é uma premissa. A credibilidade final consiste na aceitação das conclusões, bem como (implicitamente ao menos) das conseqüências que delas possam decorrer.

7. *Definição de discurso.* — Sendo a premissa o já acreditado, as conclusões serão aqui chamadas o *acreditável*. Discurso é, portanto, o *trânsito do acreditado ao acreditável, por meio de um encadeamento de nexos.*

8. *Discurso eficaz* é aquele que alcança a credibilidade final; *discurso malogrado,* aquele que, partindo da credibilidade inicial, não chega à credibilidade final. (Neste sentido, a rejeição da modificação, pelo ouvinte, é também modificação, só que negativa.)

9. Todo discurso visa à credibilidade final positiva.

10. Estes conceitos, princípios e critérios aplicam-se a todos os discursos, de todos os gêneros possíveis: da oratória parlamentar à poesia lírica, da notícia de jornal ao tratado filosófico, da repreenda moral feita por um pai a seu filho até o relatório anual de uma empresa a seus acionistas. A demonstração desta aplicabilidade universal decorrerá da teoria mesma que se expõe nos parágrafos seguintes.

II. POSSIBILIDADE DE UMA TIPOLOGIA UNIVERSAL DOS DISCURSOS

Tipologia é uma diferenciação segundo extremos, ou pólos. Toda tipologia assenta-se em diferenças máximas, que podem ser puramente ideais, inencontráveis na prática, e das quais os elementos reais se aproximem numa assíntota, sem poder alcançá-las.

Pode haver uma tipologia dos discursos, deduzida aprioristicamente do conceito mesmo de discurso? A infinidade dos discursos existentes — para não falar dos discursos possíveis —, bem como a variedade inabarcável das suas formas, motivos, assuntos e estilos, parece indicar que não. Porém, o conceito de discurso — trânsito do acreditado ao acreditável — já inclui, por si, a idéia de um máximo e de um mínimo: porque o acreditado é, por si mesmo, o maximamente acreditável, e o acreditável, ao fim do discurso, é o que deverá vir a ser acreditado. Portanto, sem uma escala que vá do maximamente acreditável (que é o já acreditado, portanto a credibilidade já realizada) até o minimamente acreditável (que é a simples possibilidade teórica de vir a ser acreditado) não poderia haver discurso nenhum. A escala de credibilidade — quer das premissas, quer das conclusões — é *uma condição de possibilidade da existência do discurso*. Este caráter escalar da credibilidade mostra que uma tipologia teórica e *a priori* dos discursos é não somente possível, mas necessária. Se não existisse uma escala dos discursos segundo a credibilidade, não poderia haver discursos.

Surge então a pergunta: a escala deve basear-se na credibilidade das premissas ou das conclusões? A resposta é: obviamente, das premissas, porque delas depende a credibilidade das conclusões. Como a conclusão de um discurso pode ser premissa de um outro discurso tão logo seja acreditada, segue-se que há uma *escala das premissas*, e dos graus desta escala surgirão os graus da escala ou tipologia teórica dos discursos.

III. ESCALA DAS PREMISSAS

Não importando qual seja a sua matéria ou assunto, a totalidade das premissas possíveis abrange portanto uma escala que vai do maximamente crível ao minimamente crível.

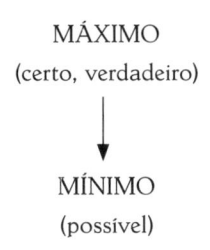

MÁXIMO
(certo, verdadeiro)
↓
MÍNIMO
(possível)

O grau máximo de credibilidade é aquele que se atribui ao absolutamente verdadeiro, ou absolutamente certo. Falo, aqui, do ponto de vista formal e funcional: pouco importa que a premissa maximamente acreditada seja *realmente* verdadeira ou certa em seu conteúdo, isto é, materialmente verdadeira; o que interessa é que no discurso, seja *tomada como verdadeira*. Na escala da *veracidade*, o oposto ao absolutamente verdadeiro é o absolutamente falso. Porém, na escala da *credibilidade*, que é o que nos interessa, se o grau máximo de credibilidade cabe ao absolutamente verdadeiro — ou tomado como tal —, o grau mínimo não poderia caber ao absolutamente falso, porque o admitido como falso não é jamais tomado como premissa de nada, precisamente porque já impugnado. Dizer que algo é falso equivale a rejeitá-lo como premissa, e portanto a rejeitar suas conseqüências, isto é, rejeitar o discurso; e isto, exceto no caso da demonstração lógica *ad absurdum*, nos tira do campo da tipologia dos discursos. Na demonstração *ad absurdum*, por seu lado, o reconhecidamente falso é hipoteticamente admitido como verdadeiro, justamente para demonstrar que leva a conclusões absurdas; portanto, mesmo neste caso a credibilidade da premissa é que fundamenta a possibilidade do discurso. Assim, o minimamente crível — pólo inferior da nossa escala — não corresponde ao falso, porque o falso não é minimamente crível; é *incrível*, portanto está fora e abaixo da escala de credibilidade. Se o grau máximo cabe ao absolutamente verdadeiro, o grau mínimo corresponde ao *minimamente* verdadeiro, isto é, ao *meramente possível*. Abaixo do possível, isto é, abaixo de um mínimo de possibilidade, existe somente o impossível, que é o incrível, que é o falso, que está fora da escala.

A tipologia dos discursos possíveis começa portanto com a polarização das premissas (e portanto dos decorrentes discursos) em *maximamente críveis* (ou absolutamente *verdadeiras*) e *minimamente críveis* (ou meramente *possíveis*).

Aí terminaria a tipologia, se ela se reduzisse a uma simples escala linear; os demais tipos de discursos teriam de ser determinados arbitrariamente segundo um número indefinido de graus nessa escala, ou concluídos empiricamente do exame da variedade dos discursos realmente existentes, o que seria um trabalho sem fim e resultaria num número também indefinido de tipos intermediários. Portanto: ou termina aí a nossa escala ou temos de encontrar uma outra dupla de extremos, uma outra polaridade, que, articulando-se com a primeira, produza um sistema de direções extremas em cruz, maximamente irredutíveis: o sistema das quatro direções transforma a escala em tipologia, transforma a simples gradação quantitativa em diferenciação qualitativa.

IV. OS QUATRO DISCURSOS

Se todo discurso é movimento, partindo de algo para chegar a algo, e se excluímos a possibilidade do *discurso infinito*, que partisse do começo absoluto de tudo para chegar ao absoluto fim de todas as coisas, passando por todas as coisas possíveis, então podemos concluir que *todo discurso é segmento*. Pode ser prolongado indefinidamente, para trás — rumo ao fundamento último das premissas — ou para a frente, na série indefinida das conseqüências.[2] O que o faz deter-se num ponto qualquer — para trás, fixando ou dando por pressupostas as premissas que permanecerão indiscutidas, ou para a frente, renunciando às conseqüências que se prolonguem para além de um determinado ponto — é uma simples decisão humana. Podemos admitir, é claro, princípios universais que seriam o extremo limite *anterior* dos discursos, mas isto não muda em nada o que dissemos, porque, recuando até um princípio universal, um discurso não encontraria um limite aquém do qual fosse *impossível* continuar recuan-

---

2 Isto vale também para as narrativas: toda narrativa pode, em princípio, recuar indefinidamente na direção dos antecedentes ou prosseguir indefinidamente no relato dos conseqüentes.

do, mas apenas o limite da evidência, da obviedade, aquém do qual o prosseguir é *desnecessário*, embora não impossível. O discurso que recuasse até o fundamento último — ou melhor, primeiro — poderia continuar indefinidamente; apenas tornar-se-ia *redundante*, detendo-se na exploração indefinida do já sabido e na repetição do evidente. De outro lado, a extensão indefinida das conseqüências poderia escapar aos limites do humanamente pensável, ou pelo menos do verificável, mas, teoricamente, nem por isto seria obrigado a deter-se. Assim, há uma extensão ilimitada no começo, para dentro do oceano de evidência dos princípios primeiros, e uma extensão indefinida de conseqüências inverificáveis ou irrelevantes no outro extremo. O que determina o começo e o fim de todo discurso não é, portanto, o conceito de discurso enquanto tal, mas um fator real empírico: a vontade, ou a conveniência humana contingente que move à produção deste ou daquele discurso em particular.

Este fator empírico é, simplesmente, *o desejo de uma certeza máxima* ou *a inconveniência de contentar-se com uma certeza mínima*; ou ainda o desejo de estender a credibilidade desde o sabido ao sabível. Em cada discurso individualmente considerado, uma decisão humana corta o eixo da escala de credibilidade, estabelecendo, em cruz, outra polaridade: em cada caso concreto, *a certeza máxima nem sempre é possível, e a certeza mínima nem sempre basta para os fins desejados*. Desta constatação, surgem dois tipos intermediários de discursos. Note-se bem: *dois* tipos, e não somente um, como o seria o simples ponto intermediário da escala vertical. Esses dois pontos ou tipos intermediários são, de um lado, o discurso que *tende a uma certeza máxima mas não pode obtê-la*, e o discurso que, sem necessitar de uma certeza máxima, nem tender a ela, *pode obter algo mais do que uma certeza mínima*. Entre o discurso que se fundamenta no absolutamente verdadeiro e o que se fundamenta no meramente possível surgem dois intermediários que não são pontos de uma escala linear, mas movimentos, tensões, dinamismos, que tendem, lateralmente, a ir de um ponto máximo a um mínimo, ou de um mínimo a um máximo, assim:

MÁXIMO
(certo, verdadeiro)

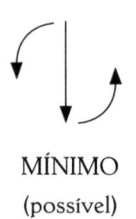

MÍNIMO
(possível)

O primeiro é o que parte de uma credibilidade suficiente, ou seja, o que parte do *provável*; o segundo é o que, não podendo chegar ao verdadeiro e nem mesmo ao provável, também não se contenta com o meramente possível, mas deseja o *verossímil* e parte do *verossímil*.

Eis aí os quatro níveis de veracidade segundo Aristóteles: o *certo*, o *provável*, o *verossímil* e o *possível*. Eis aí os quatro tipos de premissas que os discursos podem tomar como pontos de partida, e também os graus de credibilidade a que podem aspirar em suas conclusões. Conforme o grau de veracidade de suas premissas, cada discurso só demanda ser crido no grau de credibilidade que a elas corresponde: se parte do meramente possível, não pretende mais do que conclusões meramente possíveis, e se parte do absolutamente verdadeiro deseja impor conclusões absolutamente verdadeiras. Este é o fundamento universal e *a priori* dos quatro discursos enfocados no *Organon* de Aristóteles:

1. O discurso *analítico* — ou lógico-formal — é aquele que parte de premissas tidas como absolutamente certas, ou universalmente aceitas, e procede num desenvolvimento rigoroso segundo as leis formais do pensamento, a lógica silogística, para alcançar conclusões absolutamente certas ou universalmente obrigantes.

2. O discurso *dialético* é aquele que parte de premissas que podem ser incertas, mas que são aceitas sob determinadas circunstâncias e por um público mais ou menos homogêneo e conhecedor do assunto, isto é, parte de premissas *prováveis*. Admitindo várias linhas de desenvolvimento possíveis para tais premissas, o discurso dialético compara e confronta esses desenvolvimentos, excluindo-os ou combinando-os também segundo as regras da coerência lógica.

3. O discurso *retórico* parte das convicções atuais do público, sejam elas verdadeiras ou falsas, e procura levar a platéia a uma conclusão verossímil.

4. O discurso *poético* parte do gosto ou dos hábitos mentais e imaginativos do público e, jogando com as possibilidades que aí se encontrem, procura criar uma aparência, um simulacro, levando o público a aceitar provisoriamente como verdadeiro, por livre consentimento, algo que se admitiu de antemão ser apenas uma ficção ou uma convenção.

ESQUEMA FINAL DA TIPOLOGIA UNIVERSAL DOS DISCURSOS

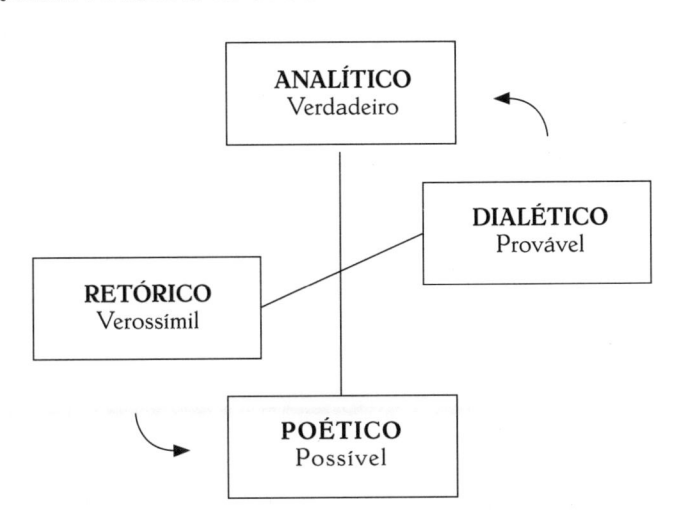

```
          ┌─────────────┐
          │  ANALÍTICO  │ ←
          │ Verdadeiro  │
          └─────────────┘
                │
                │      ┌─────────────┐
                │      │  DIALÉTICO  │
                │      │   Provável  │
                │      └─────────────┘
   ┌─────────────┐
   │  RETÓRICO   │
   │ Verossímil  │
   └─────────────┘
                │
           ┌─────────────┐
        ↘  │   POÉTICO   │
           │   Possível  │
           └─────────────┘
```

Eixo vertical: necessidade.
Eixo transversal: contingência.

V. OS MOTIVOS DE CREDIBILIDADE

Vimos que os quatro discursos se diferenciam sobretudo pelos seus graus e modos de credibilidade. Agora vamos estudar mais pormenorizadamente os motivos psicológicos que determinam a credibilidade em cada um dos quatro casos.

I. DISCURSO POÉTICO

Tem credibilidade pela sua *magia*: faz o ouvinte "participar" de um mundo de percepções, evocações, sentimentos, de modo que, não existindo hiato entre o poeta e o seu público, a comunhão — espiritual e contemplativa — de vivências "é como se a própria vida falasse" (expressão que alguém usou a respeito de Tolstói, mas que, idealmente, se aplica ao poeta em geral). Por isto dizia Samuel Taylor Coleridge que uma das condições básicas para a apreciação da poesia é uma *suspension of disbelief*, suspensão da dúvida, da exigência crítica realista. O ouvinte ou leitor da obra poética coloca provisoriamente "entre parênteses" o juízo crítico, de modo a poder participar mais diretamente da vivência contemplativa que lhe é proposta. A analogia entre a contemplação da arte e a εποχε (*epokhé*) fenomenológica é patente: em ambos os casos, suspendemos o juízo de "existência" para mais livremente apreender as "essências".

A credibilidade, no discurso poético, assume portanto a forma de uma *participação consentida numa vivência contemplativa* proposta pelo poeta.

O efeito "mágico" dessa participação requer também, como condição preliminar, a comunidade de língua e de linguagem entre poeta e ouvinte; eles devem não apenas falar correntemente a mesma língua, mas ter um domínio equivalente do vocabulário, da sintaxe, etc.: o que o poeta diz deve ser apreendido instantaneamente e sem demasiadas mediações intelectuais, ou então o efeito poético não se produz. Mas há, é claro, uma diferença: o domínio que o poeta possua dos recursos lingüísticos deve ser *ativo* — no sentido de ele poder usá-los criativamente —, e o do ouvinte basta que seja passivo: que possa captar o sentido desse uso, ainda que sem saber produzir ele mesmo um efeito semelhante.

Por isso é que obras poéticas escritas numa época remota, com palavras estranhas ao nosso vocabulário ou construções frasais para nós inusitadas, não despertam mais efeitos poéticos, a não ser que a barreira de dificuldades seja retirada artificialmente, pela intervenção de um filólogo ou explicador ou pelo nosso esforço pessoal de pesquisa, de análise e de interpretação. A apreciação estética de obras antigas ou estranhas é uma experiência indireta, que se faz através da mediação intelectual e crítica. E como no homem vulgar a atividade intelectual crítica e a vivência direta estão separadas por um abismo que só uma longa educação pode transpor, essa experiência é, na prática, inacessível à maioria das pessoas. A possibilidade de "recuperar" o sentido originário e vivo da experiência poética depende então da cultura e da capacidade do leitor: quanto mais afeitos ele esteja aos procedimentos interpretativos técnicos, menos penosa lhe será a mediação intelectual e mais fácil seu acesso à vivência poética. Para o leitor principiante, o esforço mesmo de interpretação se torna um obstáculo, e muitos universos poéticos lhe estão fechados. O estudo habitual da filologia, o exercício constante da interpretação, abrem horizontes de cuja existência o leitor vulgar nem sequer suspeita.

Há é claro, exceções, obras que, embora escritas numa outra época, permanecem acessíveis de modo mais ou menos direto e não oferecem aparentemente maiores dificuldades de interpretação. Em muitos casos esta facilidade aparente é enganosa; baseia-se em afinidades fortuitas. O leitor acaba apreciando a obra por motivos que nada têm a ver com ela. O homem habituado às idéias psicanalíticas aprecia o *Édipo Rei* sem dar-se conta de que o Édipo de Sófocles não tinha complexo de Édipo: só o de Freud. Ou o jovem sequioso de "experiência mística" fora dos quadros do "dogma" que ele julga estreito, se baba de admiração por S. João da Cruz, sem notar que fora do dogma católico não há a mínima possibilidade de compreender realmente S. João da Cruz. É como um índio que, desembarcando no Rio ou em São Paulo e deparando uma estátua de Peri e Ceci, desenvolvesse grande admiração pela cidade por julgar que ali os índios fossem objetos de culto público. Ou como o Barão de Itararé, que ingressou no Integralismo por haver entendido que o lema do movimento fosse: *"Adeus*, Pátria e Família".

É só a verdadeira cultura literária que pode curar esses desvarios subjetivistas, os quais me parece que hoje em dia constituem o padrão mesmo do gosto literário entre os jovens da universidade. Sua formação literária, feita na base do culto ocasional de autores escolhidos a esmo — segundo a preferência dos professores ou segundo as oscilações da moda — não lhes permite uma visão de conjunto do mundo das letras, nem no sentido histórico, nem no sentido de uma hierarquia de valores, nem mesmo no de um sistema de gêneros e formas; de modo que suas apreciações literárias repetem a história dos cegos e do elefante. É um poste, disse o primeiro, apalpando uma perna do animal. É uma serpente, garantiu o segundo, agarrando a tromba. É uma folha de bananeira, assegurou o terceiro, alisando a fina borda da orelha. Como resultado de experiências deste teor, o jovem, ao fim de alguns anos de "estudos", conclui que o gosto arbitrário é, nessas matérias, o supremo padrão de juízo. Conclusão lisonjeira, porque, nestes dias de narcisismo e de culto da juventude, todo sujeito com menos de trinta anos está ansioso por torna-se pessoalmente a medida de todas as coisas. Uma multidão de tiranetes analfabetos.

Uma verdadeira cultura literária pode corrigir essas distorções, introduzindo na vivência da obra poética o senso das proporções, da adequação significativa, da hierarquia de valores literários, etc.

Em todo caso, a primeira impressão de afinidade e concordância íntima não deve ser tomada nunca como critério de valor. Há obras talvez mais "estranhas", que, não nos atingindo diretamente com facilidade, podem ter muito mais a nos dizer, quando nos tornamos capazes de compreendê-las. Abrir-se a novas possibilidades de compreensão é a essência mesma da educação. Mas a filologia não visa somente a lançar pontes, e sim também a explodir as falsas pontes, restabelecendo a estranheza quando ela é preferível a uma intimidade fácil e ilusória: reconhecer que não se compreende é às vezes o requisito preliminar da compreensão. Por isto não há nada mais indigesto ao educador do que um jovem apegado às suas próprias opiniões, como um velho ranheta, desconfiado, hostil, fechado num muro de defesas.

Um outro reparo que se deve fazer, para evitar confusões, é que a "comunhão de vivências", a que me referi acima, é espiritual e contemplativa, não diretamente sensorial e emotiva. Como observa Carlos Bousoño, quando o poeta descreve sua dor de dentes isto não faz doerem os dentes do leitor: prova de que se trata de contemplação de vivências, e não de vivenciação direta. Advertência desnecessária a quem compreenda, desde logo, que todos os quatro discursos se dirigem ao espírito, ao homem enquanto sujeito cognoscente e não diretamente enquanto existente; mas que se torna necessária quando se considera que a incompreensão deste caráter indireto e representativo de todo discurso é regra geral entre os jovens leitores, que por isto pedem à obra literária emoções diretas e fáceis, sem mediação estética, confundindo a vida com a arte, sem dar-se conta que, por esse caminho, só acabarão por cultuar uma arte repetitiva e narcótica, "reacionária" no sentido de barrar ao homem o acesso a toda experiência que já não esteja no seu circuito preferencial e rotineiro.

O que foi dito da comunidade de linguagem, por outro lado, também não significa que a obra poética, para nos comover, deva ser escrita no estilo da nossa fala corrente, para não suscitar estranheza. Ao contrário. Se a fala corrente, por si, tivesse o dom de nos comover, viveríamos imersos num mar de emoções e não cairíamos jamais na banalidade e no tédio. O discurso poético justamente rompe esse estado de banalidade e de tédio, e o consegue por sua "estranheza". Mas há dois tipos de estranhamento: mágico e intelectual. O estranhamento intelectual cria entre nós e a obra poética uma distância crítica, que enfraquece ou anula a experiência poética; o estranhamento mágico, em contrapartida, confere à linguagem poética uma auréola de prestígio e de autoridade oraculares, com a qual ela pode subir à esfera do que a estética romântica denominava "o sublime", para além do simplesmente "belo". A diferença é que uma dessas formas de estranhamento vem acompanhada de um sentimento de rejeição, de inconformidade, ao passo que a outra produz o fascínio e a participação. Não cabe ver aqui em detalhe como se produzem esses efeitos. (O estranhamento dito *brechtiano*, que é do tipo intelectual, é coisa totalmente diversa. Que o aluno não caia em confusões: o teatro de Brecht leva o espectador a estranhar criticamente *a ação* dos presonagens, e não a obra enquanto tal. Nesse sentido, conserva sua influência "mágica", aliás poderosa, por trás de uma cortina de distanciamento crítico.) Por enquanto, o que interessa é assinalar que a credibilidade do discurso poético, em todos os casos, vem da "magia" possibilitada pela participação consentida numa vivência contemplativa, e que esse consentimento toma concretamente a forma de uma *suspension of disbelief*, de uma concordância (provisória e descomprometida) de "entrar no jogo".

Finalmente, a comunidade de vivências, se deve ser entendida em sentido espiritual e contemplativo, e não físico, não tem de ser vista como algo que se limite à esfera "subjetiva" da experiência. Nada exclui a hipótese de que, por meio espiritual, a obra poética chegue a operar efeitos "físicos" no leitor, e que esses efeitos sejam objetivos e repetíveis, uma vez atendidas as condições culturais e psicológicas requeridas. Parece, realmente, que nas fases iniciais da cultura humana, a linguagem poética é reconhecida como detentora por excelência dessa faculdade, e mesmo do poder de desencadear, pela magia da palavra, efeitos físicos na natureza em torno. As origens comuns da poesia e da magia (entendida esta como ciência e técnica da operação com forças sutis da natureza) constituem um assunto espinhoso e complexo, e deveremos abordá-lo com mais cuidado em etapas mais avançadas do nosso curso. Por enquanto, devemos apenas assinalar que a experiência poética não é de maneira alguma dependente da pura arbitrariedade subjetiva; que, atendidas as condições iniciais, isto é, o consentimento à participação e a comunidade de recursos lingüísticos, o efeito poético se segue por linhas perfeitamente identificáveis; e que tudo isto deve ser objeto de ciência e não de arbítrio.

II. DISCURSO RETÓRICO

Visa, essencialmente, a persuadir alguém a fazer ou a deixar de fazer alguma coisa: aprovar ou rejeitar uma lei, mover a guerra ou estabelecer a paz, eleger ou derrubar um governante, absolver ou condenar um réu. Todo discurso retórico contém, assim, de maneira mais ou menos explícita, um comando ou um apelo. Ele tenciona que esse apelo seja atendido, esse comando obedecido.

Sua influência sobre o ouvinte é portanto bem diferente daquela do discurso poético. Este operava uma transformação na alma do ouvinte, mas, como esta transformação ocorria em camadas muito profundas, não podia resultar num efeito exterior imediato e prático, traduzir-se logo numa decisão ou ação precisa e determinada. O discurso poético, na verdade, antes predispõe de longe a certas atitudes, do que as ordena ou solicita. A influência do discurso retórico é menos profunda, porém mais evidente e imediata, mais traduzível em ações exteriores. Enquanto o discurso poético procura absorver a alma inteira do ouvinte, deixando nela uma marca profunda que se integre na sua personalidade "como se a própria vida falasse", mas abdicando, por isto mesmo, de tirar disso qualquer proveito prático imediato, o discurso retórico contenta-se com influenciar o ouvinte durante um determinado período de tempo e para os fins de uma determinada decisão ou ação em particular. O advogado que discursa no foro não pretende transformar de maneira profunda e duradoura a alma dos jurados, mas apenas persuadi-los a absolver ou a condenar o réu naquela precisa circunstância. Se depois eles se arrependerem do voto, pouco importa: a influência da retórica termina no ponto exato em que a ação se desencadeou conforme o esperado.

O discurso poético não dá ao ouvinte nenhuma ordem determinada. Mesmo quando expressa mandamentos, como no caso dos épicos religiosos, o faz numa linguagem simbólica que dá margem a toda uma variedade de interpretações posteriores, e é só através destas (expressas, por sua vez, em linguagem dialética ou retórica) que os mandamentos, muito gerais, se convertem em normas determinadas. Alguns textos sacros, no entanto, contêm exortações e comandos explícitos, de mistura com expressões simbólicas. Por isto alguns tratadistas, como Frye, preferem classificar esses textos num gênero intermediário, o *Kerigma*, misto de poético e retórico. Pode-se admitir esta denominação, com a ressalva de que, em todo discurso, os elementos poéticos e retóricos nunca estarão fundidos numa massa homogênea, mas permanecerão sempre passíveis de distinção.

O discurso retórico, por sua vez, emite sempre uma ordem ou pedido que, mesmo implícito, será sempre concreto e determinado; motivo pelo qual tem de ser de inteligibilidade literal e imediata (isto é, imediatamente referida às circunstâncias práticas que lhe interessam). Um discurso poético pode ter tantas "interpretações" quantas se queira, sem que isto prejudique em nada o seu efeito, que às vezes é tanto mais profundo quanto mais variadas as interpretações. Um discurso retórico, ao contrário, tem de ser unívoco: se puder ser interpretado em vários sentidos, não terá eficácia nenhuma. Palavras obscuras podem fascinar ou comover; mas não podem transmitir uma ordem precisa e determinada. (O que não quer dizer que um discurso retórico em particular não possa também conter virtudes poéticas e, neste sentido, reverberar numa multiplicidade de sentidos simbólicos, contanto que o literal esteja garantido.)

A credibilidade do discurso retórico consiste em sua faculdade de fazer o ouvinte querer alguma coisa (ou rejeitar alguma coisa). Este efeito se obtém por uma identificação, ao menos aparente e momentânea, da vontade do ouvinte com a vontade do orador. Este faz o ouvinte sentir que a proposta contida no discurso coincide, em última instância, com a vontade íntima do próprio ouvinte. Já não se trata portanto, somente de uma participação consentida numa certa vivência comtemplativa, mas na admissão consentida de uma identidade de vontades, portanto de decisões.

O discurso retórico apela, no fundo, ao sentimento de liberdade do ouvinte, ao seu impulso de decidir, de agir por si mesmo, de afirmar sua vontade. Por isto a Retórica antiga considerava importante que o orador captasse primeiro as inclinações do auditório, para poder fazer a ponte entre essas inclinações e o objetivo desejado.

Há, é claro, pontes falsas: o orador faz o auditório imaginar que quer uma coisa, quando de fato quer outra, que o orador trata de fazê-lo esquecer por uns momentos. Mas a eficácia de tais truques é bastante limitada, e seu uso constante reduz a nada a credibilidade do orador. A retórica verdadeira se baseia sempre na autêntica vontade do auditório, procurando apenas orientá-la ou transformá-la suavemente, sem forçar mudanças nem muito menos ludibriar o auditório. Abraham Lincoln, um dos maiores oradores de todos os tempos, disse: "Você pode enganar algumas pessoas durante muito tempo ou muitas pessoas durante algum tempo, mas não pode enganar a todo mundo o tempo todo." O retórico sabe que a vontade, em última análise, não pode ser persuadida senão a fazer precisamente o que quer, e que no máximo é possível trocar uma vontade superficial e momentânea por outra mais profunda, já latente no coração do auditório. Nesse sentido, a retórica apela para o que exista de melhor na alma do ouvinte, e tem por isto uma função moral e política, como exercício da decisão responsável.

III. DISCURSO DIALÉTICO

Pretende convencer por meios racionais, independentemente da vontade do ouvinte ou até mesmo contra ela. Para que isto se torne possível, não é necessário outra condição preliminar senão que o ouvinte admita a arbitragem da razão e aceite algumas premissas em comum com o orador, geralmente tiradas das crenças correntes do seu meio social ou cultural, do senso comum ou do consenso científico.

Note-se que, na escala dos discursos, vai diminuindo do poético ao analítico a quota de confiança inicial que se exige do ouvinte. O discurso poético requeria a *suspension of disbelief*, que é quase uma entrega; o discurso retórico exige pelo menos confiança e simpatia pela pessoa do orador (ou então ele terá de conquistá-las). O discurso dialético exige muito menos: o ouvinte tem apenas de confiar no seu próprio poder de raciocínio e nas premissas geralmente admitidas; o rumo do discurso será controlado pelo próprio ouvinte, sempre pronto a rejeitar as conclusões que lhe pareçam escapar da sequência lógica.

A credibilidade do discurso dialético depende, portanto, exclusivamente de dois fatores:

1º O ouvinte tem de se comprometer a seguir a lógica do argumento e a aceitar como verdadeiras as conclusões que não possa refutar logicamente.

2º É preciso encontrar um terreno comum de onde tirar as premissas.

Essa credibilidade depende, enfim, do grau de cultura do ouvinte e da sua honestidade intelectual. O discurso dialético dirige-se a um ouvinte racional e razoável, que pretende conduzir-se de maneira racional e razoável, que aceite submeter sua vontade à razão, e que possua alguns conhecimentos em comum com o orador. Seu sucesso depende de que encontre um ouvinte nessas condições.

IV. DISCURSO ANALÍTICO

Partindo de premissas que são tomadas como evidentes e inquestionáveis, e pretendendo chegar a resultados que, nos limites dessas premissas, deverão ser aceitos como absolutamente certos, sua credibilidade depende de duas coisas: que o ouvinte seja capaz de acompanhar passo a passo um raciocínio lógico cerrado, sem perder o fio, e que ele esteja ciente da veracidade absoluta das premissas. A primeira condição depende do treino lógico especializado. A segunda só se realiza em dois casos: (a) quando se trata de premissas muito gerais, que ninguém possa negar em sã consciência, como por exemplo o princípio da contradição; (b) quando o discurso se dirige a um público científico, informado, apto a tomar como absolutas certas premissas específicas (tiradas de um determinado setor da ciência), seja por ter as condições de verificá-las diretamente, seja por ter a habilidade de lidar com premissas admitidamente relativas fazendo abstração desta relatividade e admitindo, por uma convenção científica, tratá-las provisoriamente como absolutas, deixando fora da discussão o que as desminta. Dito de outro modo, o discurso analítico só pode funcionar quando trata de verdades muito gerais para um público geral ou de verdades específicas para um público muito especializado.

Por exemplo, um público de físicos pode admitir mais ou menos convencionalmente certos princípios da física, sabendo que poderão ser derrubados amanhã ou depois, mas concordando, não obstante, em continuar a tomá-los como absolutamente válidos enquanto não forem derrubados, ao mesmo tempo em que faz, por outro lado, todo o esforço para derrubá-los. Esta atitude mental, que casa o absoluto rigor lógico das conseqüências com o senso da permanente revogabilidade das premissas, e que é um traço proeminente do espírito científico, pode ser extremamente desconfortável para o ouvinte, mesmo culto, que não possua um treinamento especializado. A credibilidade do discurso analítico depende, em última análise, da capacidade científica do auditório. Vale, aqui, a advertência de Santo Alberto Magno, de que a muitos, "afeitos à vulgaridade e à ignorância, lhes parece triste e árida a certeza filosófica, seja porque, não tendo estudado, não são capazes de entender tal linguagem, ignorando a eficácia do aparato silogístico, seja pela limitação ou falta de razão ou de engenho. Com efeito, uma verdade que se obtenha com certeza por via silogística é de tal condição que não pode facilmente alcançá-la aquele que não estude, e está totalmente incapacitado para ela aquele que seja de visão curta".[1]

---

1   *Opera omnia*, XVI/1, p. 103.

VI. MARCOS NA HISTÓRIA DOS ESTUDOS ARISTOTÉLICOS NO OCIDENTE

A HISTÓRIA DOS ESTUDOS aristotélicos no Ocidente constitui-se de um certo número de descobertas notáveis, que de tempos em tempos trouxeram à luz novos aspectos da obra do Estagirita.

No século I a. C. a revelação dos textos aristotélicos encontrados e editados por Andrônico de Rodes marca o início da era dos estudos aristotélicos.

No século VI d. C., a tradução das obras lógicas de Aristóteles por Boécio assinala o começo da absorção do pensamento aristotélico pela Igreja, um processo que culminaria no século XIII com Sto. Tomás de Aquino. Boécio é considerado por isto o primeiro escolástico. Antes dele, Aristóteles não era, decerto, ignorado, mas a visão que se tinha dele era muito genérica, sua figura se confundia com a dos platônicos sob a denominação comum "a Academia".

Nos *Comentários* a Aristóteles por Sto. Alberto Magno e Sto. Tomás de Aquino (século. XIII), pela primeira vez o Ocidente tem uma visão completa e estruturada do pensamento de Aristóteles, que desde a Antigüidade só fora conhecido de maneiras parciais e fragmentárias.

No século XVI vem a redescoberta do texto da *Poética*, desaparecido desde a Antigüidade. A edição com comentários por Francesco Robortelli provoca um *frisson* em toda a Europa letrada e tem como resultado a formação da estética literária do classicismo, que dominará a literatura Ocidental até o sécculo XVIII.[1]

No século XIX, a edição padrão dos textos de Aristóteles pela Academia de Berlim, sob a responsabilidade de Imannuel Bekker, expande formidavelmente o interesse pelos estudos aristotélicos. Em decorrência, a visão sistêmica do pensamento de Aristóteles, inaugurada pelos escolásticos, é aperfeiçoada e confirmada numa série de trabalhos notáveis, principalmente de Félix Ravaisson, *Ensaio sobre a Metafísica de Aristóteles* (1837), Franz Brentano, *A Diversidade das Acepções do Ser segundo Aristóteles* (1862), e Octave Hamelin, *Le Système d'Aristote* (curso de 1904-5, publicado postumamente por Léon Robin em 1920).

Na entrada do século XX a visão sistêmica é contestada por Werner Jaeger (*Aristóteles. Bases para a História de seu Desenvolvimento*, 1923). Segundo Jaeger, fundador da escola dita "genética", Aristóteles começou como metafísico platônico puro, terminou como um cientista natural "positivo", descrente da metafísica. A posição de Jaeger é radicalizada por Pierre Aubenque (*O Problema do Ser em Aristóteles*, 1962), que nos mostra um Aristóteles trágico, quase cético, em oposição à religiosidade platônica.

Em resposta, Ingemar Düring (*O "Protréptico" de Aristóteles. Tentativa de Reconstrução*, 1961) valoriza o método genético, sondando os textos juvenis de Aristóteles, ao mesmo tempo que invalida a tese jaegeriana de uma mudança substancial de orientação que teria ocorrido na maturidade do filósofo. Paralelamente, Augustin Mansion (*Filosofia Primeira, Filosofia Segunda e*

---

[1] V. René Wellek, *História da Crítica Moderna*, trad. Livio Xavier, São Paulo, Herder, 1967, t. I, Caps. I-VII; Philippe Van Tieghem, *Petite Histoire des Grandes Doctrines Littéraires en France. De la Pléiade au Surréalisme*, Paris, P.U.F., 1946, pp. 1-58; Paul Hazard, *La Crise da la Conscience Européenne — 1680-1715*, Paris, Gallimard, 1967, t. I, Chaps. I-II.

Metafísica em Aristóteles, 1958) e Eugenio Berti (*A Unidade do Saber em Aristóteles*, 1965) invalidam a segunda parte da tese de Jaeger, mostrando que em Aristóteles a Física é inseparável de sua Metafísica.

Uma linha totalmente nova de investigações é inaugurada por Éric Weil (*A Lógica no Pensamento Aristotélico*, 1951), ao propor a tese revolucionária de que a dialética, e não a lógica, é o método científico por excelência em Aristóteles. A tese é demonstrada em detalhe por Jean-Paul Dumont (*Introdução ao Método de Aristóteles*, 1986). Ela concorre decisivamente, mas por via transversal, para provar a unidade do sistema aristotélico, contra Jaeger e Aubenque.

Houve, é claro, centenas, milhares de outros trabalhos notáveis. Mas esses oito episódios marcam os instantes decisivos, as mudanças substanciais de orientação no entendimento da filosofia de Aristóteles e na sua absorção pelo Ocidente.

Meu trabalho procurou encaixar-se conscientemente nessa evolução,[2] aproveitando as contribuições de Weil e Dumont para fundar a visão de um Aristóteles muito mais sistêmico, muito mais coeso e "orgânico" do que os escolásticos mesmos poderiam ter suspeitado.

---

[2] É óbvio que a história dos estudos aristotélicos abrange outros desenvolvimentos interessantes, entre eles alguns bem recentes, mas não na direção dos temas que interessam a este estudo. V. por exemplo M. A. Sinaceur [org.], *Aristote Aujourd'hui. Études Réunies à l'Occasion du 2 300ᵉ Anniversaire de la Mort du Philosophe*, Paris, Ères, 1988. Alguns interessam mais de perto ao nosso tema, mas em nada reforçam ou debilitam a tese aqui apresentada: refiro-me especialmente a David Metzger, *The Lost Cause of Rhetoric. The Relation of Rhetoric and Geometry in Aristotle and Lacan*, Carbondale and Edwardsville, Southern Illinois University Press, 1995, e a Victor Gomez-Pin, *El Orden Aristotélico*, Barcelona, Ariel, 1984. Já a recente onda de debates aristotélicos no meio anglo-saxônico concentra-se, de um lado, na interpretação do *De Anima*, para averiguar se a psicobiologia aristotélica pode ou não ser considerada uma precursora do atual funcionalismo materialista (v. Martha C. Nussbaum and Amélie Oksenberg Rorty, *Essays on Aristotle's De anima*, Oxford, Clarendon, 1995); de outro, em questões de ética (v. Anthony Kenny, *Aristotle on the Perfect Life*, Oxford, Clarendon Press, 1995) temas bem diversos daquele abordado no presente livro.

Weil conjeturou que uma nova abordagem do método de Aristóteles produziria uma reviravolta na visão da sua filosofia como um todo. Essa nova abordagem partia da pergunta (tão óbvia que ninguém a tinha feito ao longo de vinte séculos): *se a lógica é tão central em Aristóteles, por que ele não a usa nunca em seus tratados, preferindo a exposição dialética?*

Aprofundando a hipótese de Weil, Dumont demonstrou meticulosamente que "quem se ativesse a uma interpretação rasa do aristotelismo, que reduzisse os *Tópicos* [isto é, a Dialética] a um mero discurso introdutório das *Segundas Analíticas* [isto é, da Lógica], faria do aristotelismo uma tentativa de fundar um puro formalismo lógico, o que aliás aconteceu com freqüência. [E com isto] nos impediria de reconhecer a força criadora e a profundidade genial dos *Tópicos*, que são a obra de um jovem filósofo *já possuidor de um método original*. O método de Aristóteles torna possível uma metafísica apta a confrontar os pontos de vista complementares que exprimem a diversidade das causas".[3]

Antes mesmo de conhecer o trabalho de Dumont, mas dando por certas as conclusões de Weil que ele viria a confirmar, levantei com base nelas as seguintes questões:

1. Se Aristóteles desde jovem já possuía o método dialético integral, então *ele o criou durante os anos em que lecionava Retórica na Academia Platônica.* A Retórica e a Dialética desenvolveram-se, portanto, simultaneamente e em íntima associação, e não esta depois daquela. O próprio Aristóteles situa a Dialética como um aprofundamento teórico da Retórica e a Retórica como uma expressão "política" da Dialética. Neste caso, porém, a separação dos *Tópicos* e da *Retórica*, feita mais tarde por Andrônico, só tem o valor de um arranjo editorial, e não reflete o parentesco estreito das duas ciências tal como o imaginava Aristóteles.

---

3 Jean-Paul Dumont, *Introduction à la Méthode d'Aristote*, 2e. éd., Paris, Vrin, 1992, p. 208 – Grifo do autor.

2. Weil tem toda a razão ao enfatizar a importância dos *Tópicos*, cujo menosprezo levaria, como bem viu Dumont, a transformar o aristotelismo "num puro formalismo lógico", contrário às intenções declaradas do Estagirita, segundo o qual a lógica nada descobre, mas apenas confirma. Mas dizer isto não basta. Aristóteles não admite nenhuma separação, nenhum abismo entre a formalização lógica e o conhecimento sensível; essa separação define, para ele, o conhecimento logicamente correto mas ontologicamente falso. Daí seu menosprezo mal disfarçado pelas matemáticas, que ele qualifica de um estudo bom para os adolescentes. Porém, nesse caso, deve existir, no próprio método aristotélico, uma ponte entre o pensamento discursivo e os sentidos, sob pena de o método reduzir-se a pura formalização sem ligação com o real.

3. Onde está essa ligação? Nos *Tópicos* não pode estar, pois a dialética não parte dos dados imediatos, e sim das opiniões científicas correntes. Tem de estar mais abaixo. Na *Retórica* também não está, pois a argumentação retórica também não parte diretamente dos dados sensíveis, e sim das opiniões vulgares correntes.

4. Aristóteles é, dentre os filósofos, aquele que mais enfatizou a unidade sistêmica do saber. Não teria sentido, portanto, ele empregar um método cortado em dois andares estanques — discurso em cima, sentidos embaixo, como numa espécie de cartesianismo *avant la lettre*. Ao contrário: para que o aristotelismo tivesse o mínimo de coerência, era preciso que *a estrutura do seu método tivesse uma homologia rigorosa com a estrutura global da ciência aristotélica*. Ora, esta ciência parte dos seres sensíveis singulares, para elevar-se gradualmente, através das espécies e gêneros, ao ser universal. A ponte cognitiva entre os seres sensíveis e as espécies é, segundo Aristóteles, a *fantasia* (função que para ele designa simultaneamente memória e imaginação). A fantasia, enquanto fenômeno real, é estudada no tratado *Sobre a Psique* (psicologia). Falta, portanto, para completar a homologia entre o método e o sistema da ciência, aquela parte do método

que correspondesse, nas ciências, à psicologia, e que estudasse o método pelo qual, partindo dos dados sensíveis, se formam as imagens (*fantasmas*) de onde virão em seguida os conceitos das espécies. Nos escritos de Aristóteles que chegaram até nós, essa parte do método não existe. Mas existem menções a esta questão na *Poética*. A poesia, segundo Aristóteles, age sobre *o corpo* humano, através do som e da imagem (no teatro), e, mostrando verdades universais nas ações de personagens individuais, funciona de maneira exatamente análoga à fantasia, onde a imagem de um corpo no espaço pode representar não um ser singular, mas a sua espécie, fazendo a ponte entre perceber e pensar. Logo, a Poética corresponde, na esfera do método — isto é, das ciências do discurso — ao "primeiro andar", à conexão entre os dados dos sentidos e o universo do discurso. A poesia é a ponte entre "mundo" e "discurso". Sem a poética, compreendida como semente do método discursivo, o aristotelismo fica amputado de sua raiz material e sensível, à qual o Estagirita dava tanta importância, e cuja defesa foi o motivo de sua ruptura, tão precoce, com a doutrina platônica das idéias.

Partindo dessas bases, minha tese mostra, de maneira muito mais radical do que em Weil e Dumont, a unidade profunda da inspiração que preside a toda a obra aristotélica. Ela corta o caminho, definitivamente, a toda tentativa de fazer do aristotelismo um instrumento a serviço de um dualismo trágico, de um materialismo ou de um neoplatonismo matematizante. Ela leva às últimas consequências a tese aristotélica da unidade do saber, mostrando que essa unidade não pode realizar-se inteiramente no nível do discurso, mas requer a inserção do discurso no mundo sensível, na vida biológica e no contexto social. O discurso, para Aristóteles, não forma um mundo separado, mas faz parte do esforço natural, "biológico", do ente vivo para elevar-se à concepção do universal que o inclui.

Minha tese procura resgatar o espírito "sistêmico" e "ecológico" do aristotelismo, num tempo em que a cultura universal busca ansiosamente resgatar o sentido sistêmico e unitário do saber e a integração do conhecimento numa visão ecológica — ou eco-cósmica — do ser vivente. Esse anseio expressa-se de maneira eloqüente, por exemplo, em Edgar Morin:

> Estou cada vez mais convicto de que a ciência antropo-social necessita articular-se com a ciência da natureza, e de que esta articulação requer uma reorganização da estrutura mesma do saber.[4]

Tendo-se em conta que Aristóteles é um dos pais-fundadores da cultura e da ciência Ocidental e o inventor mesmo da noção de "estrutura do saber", que poderia ser mais importante para o debate científico contemporâneo do que redescobrir em sua obra a raiz do espírito integrativo e sistêmico reivindicado por Morin?

---

4 Edgar Morin, *La Méthode. I. La Nature de la Nature*, Paris, Le Seuil, 1977, p. 9.

VII. NOTAS PARA UMA POSSÍVEL CONCLUSÃO

A IDÉIA DOS QUATRO DISCURSOS, não exposta em parte alguma dos textos de Aristóteles, pervade todo o seu pensamento e está subentendida não só nas teses da Física, da Metafísica, da Ética e da Política, mas no próprio *modus exponendi et argumentandi* típico do Estagirita.

É nela, e não no conteúdo explícito das teses defendidas em cada etapa do desenvolvimento intelectual de Aristóteles, que se deve buscar a chave da unidade do sistema aristotélico. A meu ver, chega a ser estranho que alguém pensasse poder contestar essa unidade mediante o apelo a considerações biográficas, aliás amplamente conjeturais; porque no aristotelismo como em qualquer outra filosofia, como aliás em qualquer empreendimento humano, a unidade última jamais pode ser atingida no domínio das realizações, e permanece sempre como um ideal orientador que só aparece *como tal* antes do começo e depois do fim.

Que o fim a que tende o esforço de Aristóteles (a constituição do saber como sistema demonstrativo e apodíctico) permaneceu sempre para ele apenas um ideal, é coisa que se evidencia pelo fato mesmo de que em nenhum dos tratados conhecidos o mestre emprega a demonstração lógica, preferindo a via dialética. Se entendemos, pela *Teoria dos Quatro Discursos*, que para Aristóteles o conhecimento é como uma árvore, que lança suas raízes no solo das sensações e se eleva gradativamente através da imaginação, da vontade e do pensamento até a certeza apodíctica, temos de admitir que a vida do conhecimento humano não pode cortar jamais suas raízes e encerrar-se num sistema demonstrativo, sem que este sistema, no mesmo ato, esteja condenado a não abranger senão os planos mais gerais e abstratos da esfera das coisas conhecidas e que, deste modo, deixe de ser conhecimento efetivo para se tornar apenas fórmula de um conhecimento possível, a efetivar-se, justamente, no retorno às coisas singulares que os sentidos nos oferecem. O sábio, no sentido aristotélico, não é aquele que se elevou ao céu das essências platônicas, mas aquele que, retornando das alturas, sabe ir reconhecendo, na variedade das coisas sensíveis que se lhe apresentam no espaço e no tempo, o princípio de unidade que nelas se insinua. A sabedoria aristotélica não é somente *episteme*, mas *fronesis*, sabedoria do agir, guiamento da alma no lusco-fusco das situações cambiantes da vida. A realização completa do sistema demonstrativo dispensaria a *fronesis*, porque nos converteria em deuses ou anjos.

O debate entre os que apostam num Aristóteles *sistemático* ou num Aristóteles *aporético* resolve-se assim num Aristóteles que, circularmente, sobe à unidade do sistema pela via aporética (dialética) e retorna à variedade da experiência problemática trazendo do céu aquela recordação da luz da unidade, que é precisamente a *fronesis*, guiamento do homem na investigação científica como na vida ativa.

É nessa circularidade dinâmica (e não na pura e simples arquitetônica das teses explícitas) que reside a unidade essencial do sistema aristotélico, não unidade simples, mas unidade do diverso, como em tudo o que é real e vivente; mais ainda, unidade que é definida por uma *enteléquia* (o ideal do sistema) e não pela simples coerência lógica, mais ou menos mecânica, entre as partes, ou por uma utópica (e desnecessária) persistência das mesmas convicções ao longo de uma vida; porque a unidade não é nunca, no ser vivo, e principalmente no ser vivo chamado homem, equivalência estática de todos os momentos, mas sim tendência, através do diverso, a uma finalidade que tudo abrange, explica e redime.

Nunca podemos esquecer que Aristóteles, ao entrar na Academia, já trazia extensos conhecimentos de anatomia e fisiologia adquiridos no ambiente doméstico, e que estes conhecimentos já haviam impregnado nele profundamente a idéia da *organicidade*, ou da *unidade no diverso*, que orientará todas as suas especulações lógicas, físicas, metafísicas e éticas e será a marca inconfundível do seu estilo de pensar.

Já nas suas primeiras investigações sobre a teoria do discurso, registradas no livro das *Categorias*, aparece o problema da diversidade das acepções do ser. Chega a ser fantástico que os analistas modernos atribuíssem a solução aristotélica deste problema a especulações puramente gramaticais e lingüísticas,[1] em vez de buscar a inspiração delas na simples experiência da unidade do diverso, que o jovem filósofo trouxera de seu aprendizado de filho de médico.

Após ter descrito o sistema das categorias desde um ponto de vista puramente lógico e lingüístico, isto é, como simples classificação dos predicados possíveis, Jonathan Barnes pergunta:[2] "Por que a mudança de classes de predicados para classes de seres?" Curiosa pergunta, pois essa passagem, essa mudança, só existe para Barnes e de modo geral para o intérprete moderno, acostumado a tomar o ponto de vista lógico-lingüístico como prévio e independente, mas não para Aristóteles. Para este, não é o conhecimento que segue os modelos da linguagem, mas esta é que se lhe apresenta, desde logo, segundo o modelo que ele já conhecia: o modelo orgânico da unidade no diverso. O sistema

---

[1] Parece que o primeiro a lançar essa hipótese foi Rudolf Carnap. Para desmenti-la basta atentar para o fato de que as primeiras especulações gramaticais na Grécia são posteriores de mais de dois séculos a Aristóteles.

[2] Jonathan Barnes, *Aristóteles*, trad. Marta Sansigre Vidal, 2ª ed., Madrid, Cátedra, 1993, p. 72.

das categorias é um enfoque biológico da linguagem e do pensamento, não um enfoque lógico-lingüístico do conhecimento.

Tanto assim é que a unidade no diverso é a chave com que Aristóteles busca resolver *todos* os problemas que depara: desde os problemas do método (como as famosas resoluções dialéticas segundo as diferentes acepções de uma mesma palavra)[3] até os da física (segundo os diferentes pontos de vista por que se pode enfocar, por exemplo, a alma), e até as questões supremas da metafísica.[4]

Ora, a unidade do diverso, sendo a suprema chave, não pode, por sua vez, ser explicada e fundamentada: ela parece ser, para Aristóteles, uma daquelas verdades primeiras que não necessitam de provas, embora nela se fundamente, como bem demonstrou Dumont, o princípio mesmo do método dialético que, por sua vez, conduzirá à revelação dos primeiros princípios da analítica.

Se perguntamos por onde tomou consciência desse princípio supremo o jovem Aristóteles, só podemos encontrar esta resposta: na contemplação do organismo vivo.

Na Academia, porém, Aristóteles vem a aprender uma noção que, fundida a essa, dará nascimento à teoria dos Quatro Discursos, à criação de todo o método aristotélico e à definitiva tomada de posse, pelo jovem filósofo, dos poderes espirituais que lhe eram próprios.

Essa noção é aquela que Platão transmite por meio da metáfora da Linha.[5] O diagrama é exposto na *República*, obra da maturidade de Platão, donde podemos presumir que era matéria de ensino e debate na Academia precisamente no momento em que ali chegava o jovem Aristóteles, no qual deve ter deixado profunda impressão — aquele tipo de impressão fertilizante que ele atribui aos ritos de mistérios.

---

3   V. Dumont, *op. cit.*
4   V. Franz Brentano, *De la Diversité des Acceptons de l'Être d'après Aristote* (1862), trad. Pascal David, Paris, Vrin, 1992.
5   *Rep.*, 509d6 até 511e5.

Notas para uma possível conclusão

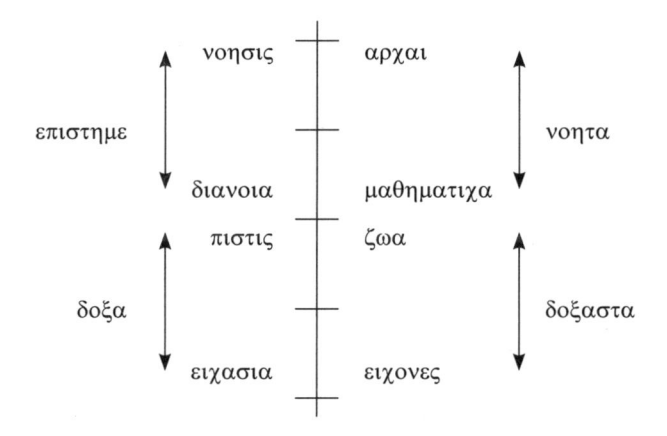

```
                νοησις        αρχαι
                  ▲             ▲
                  │             │
  επιστημε        │             │        νοητα
                  ▼             ▼
                διανοια      μαθηματιχα

                 πιστις         ζωα
                  ▲             ▲
                  │             │
     δοξα         │             │        δοξαστα
                  ▼             ▼
                ειχασια       ειχονες
```

Na extrema esquerda e de baixo para cima, a primeira coluna diz: *doxa* (opinião) e *episteme* (ciência), isto é, a modalidade inferior e a superior de conhecimento. Na extrema direita, os objetos respectivos dessas modalidades de conhecimento: *doxasta* e *noeta*. Nas colunas do meio, à esquerda aparecem as faculdades cognitivas, duas da opinião (*eikasia* ou faculdade imaginativa; *pistis*, ou faculdade de crer), duas da ciência (*dianoia* ou pensamento; *noesis* ou, digamos assim para abreviar, intuição intelectual), formando uma escala ascendente. À direita, os objetos de conhecimento correspondentes a essas faculdades: *eikones* ou imagens; *zoa* ou entidades vivas e moventes; *mathematika* ou entidades matemáticas; e, por fim, *arkhai*, princípios ou modelos supremos.

Platão não explica em parte alguma esses conceitos com precisão, mas é manifesto que há aí a armadura geral da gnoseologia platônica. É patente também a rigorosa correspondência entre as quatro faculdades que aparecem na coluna de centro-esquerda e os quatro discursos de Aristóteles:

Faculdade (Platão)	Discurso (Aristóteles)
ειχασια	poético
πιστις	retórico
διανοια	dialético
νοεσις	analítico (apodíctico)

A mais elementar prudência recomenda enxergar nesse esquema platônico a origem remota dos conceitos dos quatro discursos e da esquematização das ciências respectivas por Aristóteles.

Mais interessante ainda é observar que uma correspondência simétrica *não se* verifica exatamente entre os objetos que Platão assinala às quatro faculdades (coluna do centro-direita) e os objetos dos quatro discursos, em escala ascendente do poético ao analítico. Se as imagens são o objeto do discurso poético, os entes vivos não são objetos do discurso retórico, mas do dialético, que segundo Aristóteles é o método próprio da física; os entes matemáticos, por sua vez, são para Aristóteles objetos de demonstração apodíctica, não de disputa dialética, e finalmente os *arkhai* ou princípios supremos não são, no sistema aristotélico, objetos de discurso nenhum, mas de conhecimento intuitivo auto-evidente (ao qual se chega, é verdade, pela mediação da dialética).

Tanto a simetria quanto a assimetria aí assinaladas mostram que Aristóteles ficou profundamente impressionado pela escala platônica das modalidades de conhecimento (ao ponto de conservá-la na definição dos quatro discursos), mas que, tentando dar a essas modalidades uma conceituação rigorosa que não encontrara no platonismo, e ao mesmo tempo desejando dar à escala um sentido organicista segundo o estilo de pensar que lhe era próprio, acabou por se ver obrigado a romper a simetria do modelo platônico e por dar às suas especulações gnoseológicas pessoais uma direção diversa. Conservação e superação do platonismo são de fato, em todos os momentos do seu desenvolvimento, as constantes do esforço de Aristóteles.

Não por coincidência, o topo da escala é a zona mais inquietante da comparação entre os dois esquemas, platônico e aristotélico. Se no platonismo o saber supremo, *noesis*, nos dá o conhecimento dos *arkhai* ou princípios, e se no aristotelismo, por outro lado, o discurso supremo, o analítico, não nos dá propriamente conhecimento nenhum, mas apenas a certeza apodíctica dos conhecimentos já obtidos, então vemos que está subentendido em Aristóteles o ideal de um conhecimento em que o discurso analítico plenamente realizado coincida com a auto-evidência dos *arkhai* conhecidos por intuição intelectual, ou seja: em que a plenitude da capacidade de provar equivalha à plenitude da evidência intuitiva. Dito de outro modo: o supremo ideal do conhecimento incluiria a um tempo, unidas numa síntese indissolúvel, a evidência imediata da intuição e a coercitividade da prova racional. Somente a realização deste ideal permitiria que o saber fosse sistemático de pleno direito, sem nenhum resíduo aporético. Mas é um ideal que nem pode ser realizado nem abandonado. Não pode ser realizado, porque sua realização efetiva para todos os domínios do conhecimento equivaleria ao infinito quantitativo em ato, que o próprio Aristóteles demonstra ser impossível. Nem pode ser abandonado, porque é a imagem do conhecimento infinito (não quantitativo) que move e estrutura a conquista do saber possível, que sem ele se perderia num empirismo destituído de estrutura racional e de toda fundamentação apodíctica.[6]

Eis por que Aristóteles é um pensador a um tempo sistemático e aporético; eis por que, orientando-se pela regra ideal do sistema (lógico-analítico), procede, na prática, pelo método dialético; eis por que visando sempre ao universal e ao eterno, insiste em buscá-lo sempre *hic et nunc*, nos entes particulares sensíveis; eis por que ele proclama, a um tempo, em aparente contradição, que a suprema realidade é Deus e que a única realidade que existe são os entes particulares sensíveis, especialmente os seres vivos; e eis, enfim, por que Aristóteles viria a se tornar, dentre os filósofos gregos, o mestre predileto dos pensadores cristãos: porque

---

6 O tema da ciência apodíctica como ideal normativo seria retomado, mais de dois milênios depois, por Edmund Husserl, em *A Crise das Ciências Européias*. Husserl veria na retomada desse ideal a única esperança de salvação da humanidade européia ante as catástrofes que se aproximavam. O presente trabalho inspira-se, declaradamente, nesse programa de Husserl (v. *La Crisi delle Scienze Europee e la Fenomenologia Trascendentale*, a cura di Walter Biemel, trad. Enrico Filippini, Milano, Il Saggiatore, 4ª ed., 1972, pp. 40-43).

seu pensamento prenuncia, no enigma do *universal no singular vivente*, o mistério da Encarnação. A devoção ativa à suprema ciência, à sabedoria infinita, é, em última instância, a essência de toda verdadeira filosofia e de toda verdadeira religião.

ARISTÓTELES NO DENTISTA
POLÊMICA ENTRE O AUTOR E A SBPC

I. *DE RE ARISTOTELICA OPINIONES ABOMINANDÆ*

OU: MIADOS DE UM GATO MORTO

Considerações deprimentes acerca da "Avaliação crítica" de meu trabalho Uma filosofia aristotélica da cultura *pelo Comitê de Editores da revista* Ciência Hoje, *da Sociedade Brasileira para o Progresso da Ciência.*

ANTECEDENTES — Em fins de 1993, meu escrito "Uma filosofia aristotélica da cultura", resumo de umas aulas sobre "Pensamento e atualidade de Aristóteles" que eu vinha proferindo na Casa de Cultura Laura Alvim, foi encaminhado à SBPC para avaliação e eventual publicação na revista *Ciência Hoje*, por iniciativa do Dr. Ivan da Costa Marques, membro dessa sociedade científica, o qual muito me honrava com sua presença no curso.

Passado quase um ano, como não viesse resposta, senti-me liberado para publicar o artigo em livro. No começo de outubro de 1994 recebi da gráfica os primeiros exemplares, impecavelmente impressos. No mesmo dia — mera coincidência ou sincronismo junguiano, sei lá —, encontrei na portaria do meu prédio um envelope da SBPC com a devolução dos originais, o aviso de que o artigo fora rejeitado pelo Comitê de Editores e a sugestão de que, sendo um trabalho *sobre educação em Odontologia* (sim, isto mesmo: Odontologia), encontraria melhor acolhida numa revista especializada.

Escrevi então à revista, informando que nem eu nem o próprio Aristóteles tínhamos a menor idéia do interesse dentário das nossas especulações; que a devolução era tardia e desnecessária, de vez que o trabalho já estava publicado em livro; e que, diante da esquisitice do motivo alegado para a recusa, parecia que o trabalho não tinha sequer sido examinado.

Passados uns dias, recebi da editora da revista uma carta enfezada, que jogava numa datilógrafa a culpa pelo deslize odontológico e assegurava que o artigo fora examinado com muitíssima atenção por pessoas capacitadas — e como prova anexava um "Parecer técnico" em dez linhas e uma "Avaliação crítica" em duas páginas e meia de letras miúdas.

O "Parecer" aprovava a publicação do artigo, desde que cortado de sua segunda parte,[1] mas recomendava passar a questão ao exame de um segundo especialista. A "Avaliação crítica" trazia a opinião do segundo especialista, decisivamente contrária à publicação.

Nas páginas que se seguem, examino ponto por ponto, pela ordem em que se apresentam, as razões do "especialista", onde encontrei:

Erros graves de informação histórica	3
Erros por desconhecimento dos textos aristotélicos	5
Erros graves de interpretação do texto aristotélico	8
Paralogismos	3
Inversões do significado do texto criticado	2
Erros de ortografia	3
Outros	2
TOTAL	26
MÉDIA POR PÁGINA	10

---

1 Os motivos são explicados adiante no § 17.

— o que, levando-se em conta a posição do dito cujo como consultor da maior revista científica brasileira, é motivo suficiente para a gente por as mãos na cabeça e perguntar: mas o que é que está acontecendo neste país, meu Deus?

I. DA BIBLIOGRAFIA

1. O consultor, ou consultora, começa por assinalar a desatualização bibliográfica do autor:

> O autor parece ignorar a imensa produção sobre Aristóteles publicada nos últimos anos, seja em revistas especializadas, nos anais de congressos, em teses e livros que, há muito, superaram os estreitos quadros da interpretação escolástica e a "imagem estereotipada que o tempo consagrou como verdade adquirida". A contraposição de um Aristóteles "guardião da esquizofrenia" (o Aristóteles da Escolástica) e o Aristóteles "apóstolo da unidade" apresentada como novidade "chocante" parece indicar que o autor não tem acompanhado os debates que se desenvolvem em inúmeros centros de pesquisa...

O artigo criticado contesta as interpretações de Aristóteles que vêem uma separação ou oposição radical entre os discursos poético-retórico e dialético-analítico no pensamento do Estagirita.

Seria esse tipo de interpretação uma velharia já superada de há muito pela "imensa produção" de estudos a respeito? Contestá-la seria nada mais que chutar um gato morto? O consultor assegura que sim; que só a um novato desinformado ocorreria apresentar essa contestação como uma "novidade chocante".

É surpreendente, portanto, que ele mesmo assegure, linhas adiante, que o discurso dos poetas assim como o discurso dos juristas pertencem a outro registro e não conduzem ao discurso científico, *antes dele se afastam...* O discurso dos poetas assim como o dos retóricos não introduz nem prepara o discurso da ciência que *representa, ao contrário, uma ruptura em relação a estes...*

É incompreensível. De um lado, o consultor diz que a imagem dualista da teoria aristotélica do discurso é uma peça de museu, que já nem vale mais a pena contestar. De outro, ele a defende como sua própria opinião pessoal.

Acusa-me de chutar um gato morto ao mesmo tempo que exibe o gato vivo. E o desgraçado do bicho, trazido ao palco, mia sem parar.

O consultor não conhece o bastante o estado presente dos debates para saber que a velha opinião continua vigente ou não se conhece a si mesmo o bastante para perceber que ele próprio acredita nela?

Minha hipótese é que ele não conhece o bastante nem uma coisa nem a outra: avaliando então meus conhecimentos pelos seus, e minha autoconsciência pela sua, supôs poder me impressionar com um blefe.

2. Blefe, sim, porque, ao acusar o que lhe parece ser o meu desconhecimento da bibliografia recente sobre o assunto, ele se esquiva de indicar, nela, *um só título* pertinente ao tema, cuja ignorância pudesse lesar gravemente a formulação ou as conclusões do meu estudo.[2] Nem poderia, aliás, indicá-lo, de vez que o tema é raríssimo e praticamente ignorado pelos estudiosos. *Tomado em conjunto, é tema ausente da bibliografia*, como assinalei no meu trabalho, desde Sto. Tomás de Aquino.

---

2   O consultor reclama da "pobreza da bibliografia apresentada". Ele não explicita se é pobreza de qualidade ou de quantidade, mas, como ali constam títulos de Jaeger, Weil, Hamelin, Ross e Zeller, clássicos dos estudos aristotélicos, suponho que se refira à quantidade. Será que o supradito costuma ler a revista *Ciência Hoje*? Caso leia, perceberá que vinte e cinco remissões são um número que está dentro da média em geral apresentada nos artigos que ali se publicam. Ultrapassar essa média — com o risco, ademais, de multiplicar citações inúteis — seria nada mais que falta de educação.

A exigência de respaldo bibliográfico num tema sobre o qual não há nenhum só pode partir de alguém que ignora a bibliografia existente e não tem a menor idéia do estado da questão.

3. É verdade que, em muitos pontos, as interpretações escolásticas de Aristóteles estão superadas. Em muitos pontos, mas não naquele que assinalo. Este jamais foi sequer discutido, como o sabe qualquer conhecedor da bibliografia. Aspectos isolados da teoria dos discursos têm sido abordados com certa freqüência, mas pouco ajudam a confirmar ou desmentir minha interpretação de conjunto. É justamente o silêncio generalizado em torno deste tema que tornou possível que a interpretação dualista da teoria dos discursos penetrasse fundo nos hábitos mentais da intelectualidade Ocidental, a ponto de tornar-se um pressuposto inconsciente. Um pressuposto inconsciente é uma idéia em que a gente acredita sem saber que acredita: ela domina e manipula pelas costas quem não lhe dá importância. O consultor mesmo personifica um exemplo típico e flagrante, ao deixar-se arranhar por um gato morto.

II. ORIGINALMENTE VELHO

Prossegue o consultor:

> O autor apresenta uma tese a seu ver revolucionária e inovadora... que, *sem sombra de dúvida, é totalmente original* mas que... etc. etc.

Lisonjeiro mas, novamente, incompreensível. Como poderia ser original a tese que, por desconhecimento da bibliografia recente, nada mais fizesse que contestar velhas teses já superadas?

III. MUITO ASSUNTO PARA UM LIVRO SÓ

Em seguida, o consultor passa a apontar "alguns equívocos sérios" que julga ter encontrado no meu trabalho:

> Aristóteles não tratou do discurso só nos livros catalogados como Organon; tanto a Poética como a Retórica, *assim como o Livro IV da Metafísica*, têm como objeto a análise do discurso — discurso dos sofistas, discurso dos poetas, discurso dos juristas ou discurso da ciência.

Errado. O Livro IV da *Metafísica* — ou, mais propriamente, o livro Γ da *Metafísica*, de vez que a titulação romana só é adotada em edições populares (espero que o consultor não conheça Aristóteles só por elas) — não trata da análise do discurso, mas do conceito mesmo da "filosofia primeira". Mesmo um gênio como Aristóteles não conseguiria, no pouco mais de uma dezena de páginas que compõem esse capítulo, delimitar o território de uma ciência nova e ainda encontrar espaço para discutir ali *o discurso dos sofistas, o discurso dos poetas, o discurso dos juristas* etc...

IV. AS CIÊNCIAS INTRODUTÓRIAS

Reconhecendo embora que Aristóteles tratou dos discursos em obras não pertencentes ao *Organon*, afirma o consultor:

> Isto não justifica a inclusão da Retórica e da Poética entre as "ciências introdutórias", uma vez que estas são consideradas introdutórias *em relação à "ciência primeira" ou "ciência buscada" posteriormente denominada metafísica.*

Erradíssimo. A dialética e a lógica — ciências do *Organon* — não são introdutórias somente à metafísica, mas *às ciências teoréticas em geral e mesmo às ciências práticas e técnicas.* Nem poderia ser de outro modo, porque as ciências em Aristóteles formam um sistema e o *Organon* é introdução ao sistema, não a uma ciência em particular. Isto é uma obviedade que nenhum principiante ignora. O próprio consultor, com a singular coerência que caracteriza o seu raciocínio, reconhece linhas adiante que a dialética é o método da Ética.

V. APOFÂNTICO

Lá vem mais:

> O discurso dos poetas assim como o discurso dos juristas pertencem a outro registro e não conduzem ao discurso científico, antes dele se afastam como "outros discursos". Essa distinção é bem marcada quando Aristóteles restringe suas análises ao "logos apophantico", único a abarcar a questão da verdade/falsidade, distinguindo-o da interjeição e da prece (expressões do sentimento e do desejo). A função "apofântica" do discurso científico, noção absolutamente central em Aristóteles, é totalmente ignorada pelo autor.

Valha-me Deus! Nunca esperei viver o bastante para chegar a ver um professor de filosofia confundir *apofântico* e *apodíctico*!

Apofântico, meu filho, é simplesmente sentença declarativa, que afirma ou nega alguma coisa, ao passo que a interjeição ou a prece nada afirmam nem negam. Como supor que só e exclusivamente o discurso da ciência (o discurso lógico-analítico) é apofântico, que os demais nada afirmam nem negam? Um advogado que proclama ser o réu inocente nada está afirmando? O juiz que o decreta culpado nada afirma? O épico que narra que Telêmaco saiu em busca de seu pai e não o encontrou nada afirma nem nega? Uma asneira dessas certamente jamais passou pela cabeça de Aristóteles.

Os quatro discursos são apofânticos, todos igualmente: todos afirmam e negam; todos podem ser — cada qual a seu modo e em seu próprio nível — verdadeiros ou falsos. Nenhum deles é mera interjeição ou apelo.

Eles diferem, sim, no seu nível de veracidade, ou melhor, de credibilidade, e o discurso científico difere dos outros por ser o único demonstrativo, passível de prova irrefutável, isto é, o único *apodíctico* — e não, cáspite!, *apofântico*.

A confusão é tão grosseira, tão primária, que me dá uma mistura de desgosto e pena ter de destrinchá-la para um posudo acadêmico, consultor da maior instituição científica do país. É deprimente.

Eu não desejaria insistir neste assunto, mas, só para dar um exemplo, como o nosso consultor poderia conciliar a noção da poesia como *mimesis* (que segundo ele ignoro) com a assertiva de que somente o discurso científico é apofântico? Como poderia o poeta imitar a realidade sem nada afirmar ou negar sobre ela?

Ademais, Aristóteles declara que a poesia "é mais filosófica do que a História", já que fala do homem em geral enquanto a História trata apenas do particular. Como poderia a poesia enunciar verdades gerais sobre o homem sem afirmar ou negar o que quer que fosse, e limitando-se a soltar gemidos e interjeições?

É verdade, sim, que Aristóteles exclui da analítica, e atribui à poética e à retórica, o estudo das sentenças não-apofânticas, isto é, daquelas que se limitam a expressar desejos, pedidos ou ordens[3]. Mas seria francamente abusivo concluir daí que na intenção do filósofo a poética e a retórica deveriam limitar-se rigorosamente ao estudo desse tipo de sentenças, excluindo de seu campo toda proposição apofântica: isto simplesmente inviabilizaria essas duas ciências, esvaziando de todo significado os conceitos de possibilidade e verossimilhança. "A analítica só trata das proposições apofânticas" não é o mesmo que "Só a analítica trata das proposições apofânticas". O que Aristóteles quis dizer, no texto assinalado, é claramente que o estudo da poética

---

3   *Peri Herm.*, 4: 17a.

e da retórica abrange *também* tipos de sentenças que vão além da área de interesse estrito da analítica, o que aliás é óbvio.

VI. A FUNÇÃO DA DIALÉTICA

> Quanto às considerações sobre a Dialética, o autor ignora a função que Aristóteles (embora a contragosto) lhe confere quando se trata de estabelecer os princípios da própria analítica.

1. Se digo que as quatro ciências do discurso são inseparáveis, que há entre elas uma escala de credibilidade crescente e que esta escala corresponde aos graus pelos quais o homem ascende das percepções sensíveis ao saber racional apodíctico, está óbvio que cada uma prepara o terreno para a seguinte. Como eu poderia ter dito essas coisas ignorando a função que a dialética exerce na busca dos princípios da analítica, eis algo que ultrapassa o entendimento humano.

2. O consultor demonstra seu apego à velha imagem de Aristóteles, que ele mesmo qualifica de velharia superada, ao colocar, entre parênteses, que Aristóteles "a contragosto" reconhece a dívida da analítica para com a dialética. Por que "a contragosto"? A expressão subentende um certo menosprezo que Aristóteles teria por esta ciência em comparação com aquela, quando na verdade a tendência crescente da exegese aristotélica (com a qual o consultor se diz tão atualizado) é reconhecer como válida a tese de Weil, segundo a qual a dialética é para Aristóteles o método por excelência, do qual a analítica não é mais que uma extensão e complemento.[4] É claro que subscrevo resolutamente essa tese. Por isto mesmo, vejo na nota que o consultor coloca entre parênteses um sinal evidente de que ele ainda está preso à velha imagem de Aristóteles que contesto em meu trabalho, ima-

---

4 V., por exemplo, Jean-Paul Dumont, *Introduction à la Méthode d'Aristote*, 2e. Éd. révue et augmentée, Paris, Vrin, 1992.

gem na qual não resta à dialética senão uma função localizada e secundária.

Donde se extrai um precioso conselho: antes de menosprezar um gato morto, certifique-se de que não é um leão vivo.

VII. VALHA-ME S. GREGÓRIO!

Em seguida o informadíssimo põe-se a me dar lições de História:

> "Todo aristotelismo que se formou no início da era cristã até o Renascimento". A afirmação do autor é inteiramente equivocada uma vez que "no início da era cristã" Aristóteles era ignorado pelos Padres da Igreja e só se torna conhecido na Europa na chamada Alta Idade Média (séc. XII) graças aos árabes invasores, à Escola de tradutores de Toledo e posteriormente a S. Gregório Magno e a S. Tomás de Aquino.

A estas lições devo responder que:

1. S. Gregório Magno não poderia ter feito coisa nenhuma no século XII e muito menos "posteriormente", já que morreu no ano de 604. Quem escreveu sobre Aristóteles na época mencionada foi Sto. *Alberto* Magno (maldita datilógrafa!).

Mas mesmo com relação a Sto. Alberto seria absurdo dizer que ele difundiu Aristóteles na Europa cristã, de vez que ele só empreendeu seus *Comentários* para apaziguar a gritaria que se levantava de toda parte contra a *Física* do Estagirita, a qual, defendendo a hipótese da eternidade do mundo, parecia contrariar de frente a letra das Escrituras. Como não pode existir gritaria nenhuma contra um autor desconhecido, é claro que a obra de Alberto é efeito e não causa da difusão de Aristóteles. Tomás, por seu lado, é posterior a Alberto, de quem foi discípulo e cujos *Comentários* completou.

2. A idéia de que Aristóteles só foi conhecido no Ocidente a partir do século XII pode estar consagrada em livretos popu-

lares de divulgação, mas não há um só conhecedor da matéria que não saiba tratar-se de um erro primário. O que foi trazido ao Ocidente por meio dos árabes foram somente livros de *Física*. As obras lógicas e a *Metafísica*, pelo menos, sempre foram lidas — em versões melhores ou piores, diretamente ou através de comentários —, amadas e odiadas na Europa cristã desde os primeiros séculos. Encontro-as citadas e discutidas, com maior ou menor extensão e exatidão, em inúmeras passagens de Sto. Agostinho, em Clemente de Alexandria (séc. II), em Eusébio de Cesaréia (séc. III), em Sto. Isidoro de Sevilha (séc. VI), no anônimo autor da *Confutatio dogmatum quorundam Aristotelicorum* (ano 400), em Irineu de Leão (séc. II), em Mário Vitorino (séc. III), em Arnóbio de Sicca (séc. III), em Fírmico Materno (séc. IV), em Marcelo de Ancira (séc. IV), em São Basílio Magno (séc. IV), em Eunômio de Cícico (séc. IV), em Nemésio de Emesa (séc. IV) e em Teodureto de Ciro (séc. V), sem levar em conta a existência, nos tempos patrísticos, de toda uma escola teológica cristã inspirada em Aristóteles (a escola antioquina), bem como as traduções, seja de Aristóteles mesmo, seja dos comentários de Porfírio, empreendidas por Boécio muito antes que os tradutores de Toledo tivessem nascido e que Alberto e Tomás existissem sequer sob a forma de espermatozóides.[5]

Isto é o que eu — um completo ignorante da bibliografia — pude localizar. Imagino o que o consultor, sujeito informadíssimo, não encontraria se consentisse em estudar o assunto antes de ensiná-lo.

Bem, pode-se perguntar, se consultei todos esses autores, por que não os citei? Simples: porque, de tudo o que eles falam sobre Aristóteles, nada encontrei que se referisse ao tema do meu tra-

---

[5] É evidente que nada se encontra, na época patrística, que se aproxime da profundidade e amplitude das exegeses aristotélicas do século XIII. Mas, entre dizer que esse aristotelismo primitivo era de baixa qualidade e que ele não existiu absolutamente, a diferença é a mesma que há entre afirmar que o parecer da SBPC é uma droga e que a SBPC não emitiu paracer nenhum.

balho, e a obrigação das citações é serem pertinentes, e não mostrar erudição à toa, como meu consultor desejaria que eu fizesse.

3. Quem ignora as fontes de um tema clássico e só sabe do assunto pela bibliografia recente não pode ser considerado um conhecedor, e sim no máximo um novato esforçado. Isto, supondo-se que meu consultor conheça de fato a bibliografia recente. Mas é óbvio que ele não a conhece, de vez que a leitura, seja dos trabalhos de Dumont, Düring, Millet, Barnes, seja mesmo dos livros clássicos de Brentano, Jaeger, Ravaisson, Hamelin, Mansion, Le Blond, Ross e *tutti quanti*, lhe mostraria de cara a impossibilidade de opinar sobre o assunto só com base neles e sem acesso direto às fontes; e se ele tivesse ido às fontes não teria dito o que disse.

VIII. NÃO ACERTO UMA

"Sobretudo a dialética seria um resíduo platônico, absorvido e superado na lógica analítica." Embora Aristóteles considere a analítica um método mais rigoroso e próprio para a ciência do que a dialética platônica, isso não quer dizer que considere a dialética "absorvida e superada"...

1. Finalmente o consultor disse algo com que se pode concordar: que Aristóteles, após construir a lógica, conserva a dialética como um método válido. Ao dizer isto ele se opõe com razão à crença de que "a dialética seria um resíduo platônico, absorvido e superado na lógica analítica". Só que, curiosissimamente, ele atribui esta opinião a mim, sem reparar que ela é justamente aquela que rejeito com veemência.

Na verdade, é a opinião da escola de Solmsen, à qual, endossando Weil, me oponho expressamente quanto a esse ponto.[6] É certo que, no artigo, não citei Solmsen, mas isto não era neces-

---

6 V. *Uma Filosofia Aristotélica da Cultura. Introdução à Teoria dos Quatro Discursos* (Rio de Janeiro, IAL/Caymmi, 1994), p. 16.

sário de vez que a opinião dele a respeito é discutida no trecho citado de Éric Weil.

Com que propósito me atribui o consultor uma opinião que contesto? Para mais facilmente poder refutá-la e apresentar como seus os méritos de uma argumentação alheia? Ou ele o faz simplesmente porque não sabe ler?

IX. NOVAMENTE A DIALÉTICA

Após ter resgatado a dialética, segundo o desejo de Aristóteles, o consultor põe tudo a perder quando diz que ela só permanece um método válido porque

> existem campos do saber ou regiões do ser que, por não serem regidos pela necessidade, não podem ser abordados por uma analítica.

1. Quer o consultor ter a bondade de me explicar como uma dialética restringida aos campos "não regidos pela necessidade" poderia estabelecer, segundo ele disse anteriormente, os princípios da analítica? Seriam estes meramente probabilísticos e "não regidos pela necessidade"?

2. Na verdade, Aristóteles atribui à dialética um papel muito mais decisivo que o de uma lógica *ad hoc* para os campos do saber "não regidos por uma necessidade". Os textos são muito claros neste ponto, e assinalam à dialética uma tripla função: 1ª, ela é uma lógica do provável, ou do razoável; 2ª, ela é uma prática pedagógica, um treinamento do espírito para a discussão científica; 3ª, ela é o método para encontrar os princípios fundadores de qualquer ciência nova.[7]

---

7   *Top.*, I, 2, 101a-b.

3. Enfim, a dialética que Aristóteles conserva não é a platônica, mas a sua própria, bem diferente dela tanto na função quanto na técnica e nas finalidades.

X. DO SABER DESINTERESSADO

> "As quatro ciências do discurso tratam de quatro maneiras pelas quais o homem pode, pela palavra, influenciar a mente de outro homem." Com essa afirmação, o autor novamente ignora o conceito de logos apofântico e a afirmação de que a ciência teórica é "inútil e desinteressada" — condição de possibilidade de sua objetividade e liberdade. A ciência teórica não visa "influenciar a mente de outro homem", mas tornar manifesto pelo discurso o próprio ser.

1. O consultor reincide na confusão entre apofântico e apodíctico, sobre a qual nada mais tenho a declarar.

2. Quando Aristóteles afirma que a ciência teórica é desinteressada, quer dizer que ela não visa a quaisquer fins *práticos*, mas certamente não quer dizer que o conhecimento da verdade não seja uma finalidade desejável, nem muito menos que a demonstração da verdade, feita pelo discurso lógico-analítico, seja um ato inócuo que não deve exercer nenhuma influência sobre o ouvinte. Ao contrário, a demonstração apodíctica exerce a mais impositiva das influências, ao oferecer conclusões que devem ser obrigatoriamente admitidas por quem seja capaz de compreendê-las. Como bem disse a esse respeito Clemente de Alexandria (um daqueles Padres da Igreja que, segundo o consultor, nunca ouviram falar de Aristóteles), "o dado lógico proveniente das demonstrações produz, na alma daquele que bem seguiu a cadeia demonstrativa, uma fé tão vigorosa que ela não lhe permite sequer imaginar que o objeto demonstrado possa

ser diferente do que é, e o subtrai à influência das dúvidas que querem se insinuar em nosso espírito para nos enganar".[8]

A distinção mesma entre dialética e analítica não pode ser bem concebida senão por referência a uma concretíssima *situação de discurso*, à diferente relação, num caso e noutro, entre falante e ouvinte: "A diferença [entre a dialética e a analítica], diz Éric Weil, é segundo Aristóteles aquela que há entre o curso dado por um professor e a discussão empreendida em comum, ou, para dizê-lo de outro modo, aquela que há entre o monólogo e o diálogo científicos".[9]

Quando o mestre em seu monólogo manifesta — apofanticamente — a verdade mesma do ser, o rigor e a objetividade da ciência hão de consistir em que o ouvinte permaneça surdo e indiferente?

Nosso consultor arma uma falsa oposição entre "influenciar os homens" e "demonstrar a verdade", e a atribui ao próprio Aristóteles, o qual jamais poderia aceitá-la.

XI. POÉTICA E MÍMESE

Incansável, prossegue o consultor em busca de meus equívocos:

> A Poética não trata do possível (segundo Aristóteles este é o objeto da Retórica), mas de um gênero literário: a Tragédia... O autor ignora o papel central da *mimesis* e da *catharsis*.

1. A *Poética* não trata da tragédia, mas da poesia *em geral*, da qual a tragédia é somente uma das modalidades. É verdade que da obra só restaram a introdução e a seção referente à tragédia, mas o sumiço das demais partes não estava certamente

---

8   *Stromata* A, VI, 33,2.
9   Éric Weil "La place de la logique dans la pensée aristotélicienne", em *Éssais et Conférences*, vol. I, Paris, Vrin, 1991, p. 64 (cit. na n. 20 de *Uma Filosofia Aristotélica da Cultura*).

nos planos de Aristóteles, e a introdução contém aliás suficientes indicações sobre o poético em geral.

2. Quanto à afirmação de que a *Poética* não trata do possível, o próprio Aristóteles, após ter classificado a obra literária como uma espécie de *mimesis* ou imitação, esclarece: "A obra própria do poeta não é narrar as coisas que realmente sucederam, mas *aquelas que poderiam ter acontecido ou que são possíveis*".[10]

Somente um leitor muito desatento não reconhecerá aí os dois elementos que, no método aristotélico, compõem uma definição: o gênero próximo e a diferença específica. A poesia pertence portanto ao gênero *mimesis*, é uma forma de imitação, e sua diferença específica é que não imita o acontecido (como o faz por exemplo a História), mas sim o possível.

A imitação do possível é *a definição mesma* da obra poética, e quem quer que perca de vista esta definição não entenderá grande coisa do que Aristóteles diz em seguida sobre a tragédia. É precisamente o caso do nosso consultor — segundo o qual, no entanto, sou eu quem ignora o papel central da *mimesis*. Qual papel, porca miséria!, senão aquele assinalado na definição?

Quanto à *catharsis*, da qual também no entender do consultor ignoro tudo, sei pelo menos que segundo Aristóteles ela não poderia ocorrer caso a poesia, como a história, imitasse o real e não o possível. Porque, em Aristóteles, o real é sempre particular e o possível é genérico. É por imitar o genérico e não o particular que "a poesia é mais filosófica do que a história e tem um caráter mais elevado".[11] Ora, "o particular [ou real histórico] é o que fez Alcebíades ou o que lhe sucedeu", e interessa a Alcebíades mais que a ninguém. O genérico, por seu lado, interessa a todos os homens: se nos comovemos com a desgraça do herói, é porque ela não é o destino real e particular de fulano ou beltrano, mas o destino genérico que pode se abater sobre qualquer um de nós.

---

10 *Poét.*, 1451a.
11 Id. Ibid.

Se a poesia imitasse o real histórico como tal, não haveria catarse nenhuma que pudesse resistir ao efeito distanciador — quase brechtiano — da célebre pergunta de Shakespeare: "Que é que eu tenho a ver com Hécuba, ou Hécuba comigo?" A definição da poesia como imitação do possível leva-nos assim ao coração mesmo do mistério da *catharsis* — mais uma palavra grega que o nosso consultor emprega apenas a título de blefe pseudo-erudito, sendo, como é, incapaz de compreender as mais óbvias implicações do conceito.[12]

XII. VEROSSÍMIL?

Ainda sobre o mesmo assunto:

> Segundo palavras do próprio Aristóteles, o verossímil (*sic*) é um elemento central da Tragédia — não se vê então como pode ser tomado como o elemento definidor da Retórica.

1. Em primeiro lugar, meu amigo, *verossímel* é a vó. E não venha com aquela conversa de que foi a datilógrafa, porque você escreve essa coisa nada menos de três vezes.

2. Quanto ao verossímil, há uma diferença óbvia entre o verossímil poético e o verossímil retórico. Na definição da poesia, Aristóteles emprega a expressão "verossimilmente possível", ao passo que na argumentação retórica o que conta é o verossímil como tal, ou, dito de outro modo, o "verossimilmente real". Não há como confundir: o argumento retórico tem de ser verossímil no sentido de imitar o verdadeiro, o real, o histórico, e não o meramente possível. No discurso forense, por exemplo, o advogado

---

12 Permito-me lembrar ao assanhado teorizador do teatro grego que sou autor de três pequenos livros sobre o tema da poética: *O Crime da Madre Agnes ou a Confusão entre Espiritualidade e Psiquismo* (São Paulo, Speculum, 1983), *Símbolos e Mitos no Filme "O Silêncio dos Inocentes"* (Rio de Janeiro, IAL/Caymmi, 1992) e *Os Gêneros Literários: Seus Fundamentos Metafísicos* (Rio de Janeiro, IAL/Caymmi, 1993).

não procura, por meio da verossimilhança, mostrar que o réu é *possivelmente* inocente, mas que ele é inocente de fato: a verossimilhança, aqui, consiste numa persuasão, num forte assentimento da vontade, embora sem provas dialeticamente concludentes e muito menos apodícticas. Já na obra poética, como se viu acima, o espectador tem apenas de admitir a *possibilidade* dos eventos — e, neste sentido, a exigência de verossimilhança é atenuada, segundo a regra aristotélica de que "é verossímil que às vezes as coisas se passem de maneira inverossímil". Se, ao contrário, o espectador admitisse os fatos como reais, errando de clave e ouvindo retoricamente o discurso poético, a poesia perderia imediatamente seu efeito catártico, pois estaria falando somente "de Alcebíades" e não do gênero humano. Estar persuadido de uma possibilidade não é o mesmo que estar persuadido de um fato.

A confusão é, para dizer o mínimo, bobinha.

3. Quem usa o termo "verossímil" para definir o tipo de credibilidade da retórica é o próprio Aristóteles. Com seu palpite desproposcitado o consultor mostra apenas desconhecer o texto grego, onde o emprego da palavra πιθανοσ não deixa margem para a menor dúvida quanto a esse ponto.

É um escândalo que um trabalho científico seja submetido ao julgamento de quem só conhece o assunto por leituras de segunda mão e não tem condições de avaliar sequer o emprego do vocabulário.

XIII. TRAGÉDIA E METAFÍSICA

"Da ilimitada abertura do mundo das possibilidades"... A afirmação do autor é equivocada: não existe em Aristóteles uma "ilimitada abertura" no mundo das possibilidades uma vez que o ato precede a potência sendo portanto o possível inteiramente determinado pelas potencialidades contidas no real.

1. Meu caro consultor: você leu o que acaba de escrever? É puro *nonsense*. Se o ato *precede* a potência, como poderia estar de antemão determinado por ela? Ah, já sei: foi mais um erro da datilógrafa.

2. Mesmo corrigido para uma forma logicamente coerente, seu raciocínio continuaria falso, já que a potência da causa primeira é, segundo Aristóteles, infinita.[13] Essa infinitude "positiva" da causa primeira não poderia porém repetir-se como tal no efeito produzido, e o resultado é que na escala cósmica a infinitude, que no divino era perfeição suprema, se torna defeito, incompletude, privação, acidentalidade, porque "a natureza foge do infinito e busca sempre um termo final".[14] É nada mais que óbvio, por outro lado, que as potências contidas num ser singular só predeterminam as possibilidades do seu desenvolvimento *normal*, porém não os acidentes que possa vir a sofrer. Os acidentes são, em princípio, ilimitados e ilimitáveis: como reflexos invertidos da infinitude divina, eles não derivam da potência do ser que os sofre, mas da potência divina mesma. Sua raiz não está na constituição "positiva" do ser finito, mas na incomensurabilidade deste com o infinito. Por isto mesmo, cada ser, tendo uma potência definida e limitada, está, ao mesmo tempo, sujeito a ilimitados acidentes. A incomensurabilidade mesma entre o divino e o cósmico faz com que, na escala cósmica, *exista necessariamente o acidental*, e é desta conexão surpreendente e quase paradoxal entre necessidade e acidente que nasce a inspiração fundamental de um dos principais gêneros literários, o gênero trágico. Nele os acidentes — e não os desenvolvimentos normais — se encadeiam segundo uma necessidade férrea, numa espécie de lógica do absurdo, que somente a Graça (esta, sim, uma noção ausente na filosofia grega) poderá romper. Se o possível estivesse predeterminado pelas potências do ente finito, como o pretende o con-

---

13 *De cælo*, I, 7, 275b.
14 *De gener. anim.*, I, I, 715b.

sultor, *a tragédia seria absolutamente impossível, pois tudo se desenrolaria segundo a normalidade constitutiva de cada ente e não haveria acidentes, muito menos o acidente metafisicamente necessário que constitui o núcleo mesmo do conflito trágico.* A tragédia abre, sim, para a ilimitação do possível, porque se não o fizesse não seria tragédia.

É, meu amigo: é muito gostoso usar palavras como *catharsis*, *mimesis*, apofântico, ato e potência, etc., para impressionar leigos e posar de sábio. Mas essas palavras se vingam, ocultando seu sentido a quem quer que as desrespeite usando-as para fins de exibição circense.

XIV. EVOLUÇÃO HISTÓRICA

> Não há como falar em evolução histórica em Aristóteles. Como grego, a concepção aristotélica do tempo é circular e não linear; o tempo retorna eternamente sobre si mesmo e não há como falar propriamente em História na matriz do pensamento aristotélico.

1. Que bobagem é esta? O fundador mesmo do historicismo, Giambattista Vico, tinha uma concepção circular do tempo, os famosos *corsi e ricorsi*. Será que por isto "não há como falar propriamente em História na matriz do pensamento viquiano"?

2. Aristóteles, como ninguém o ignora exceto o nosso consultor, foi o primeiro a introduzir o prisma histórico na abordagem das questões filosóficas, bem como o princípio da explicação genética nas ciências naturais e na gnoseologia mesma. Isto basta para fazer dele, entre os gregos, no mínimo um precursor do historicismo e do evolucionismo modernos. É óbvio que se trata de um historicismo apenas *in nuce*, mas quem foi que disse algo mais do que isso?

3. Aristóteles não afirma em parte alguma a circularidade do tempo, mas sim a do movimento da causa primeira.[15] E se ele mesmo define o tempo como "medida do movimento" (medida operada pela alma)[16] e diz que o ato da causa primeira é infinito, está claro que a "circularidade" do movimento da causa primeira está subtraída à medida temporal e nada tem a ver com circularidade do tempo. A crença de que Aristóteles, "como grego", tinha de pensar exatamente como outros gregos é tola: o pensamento de um filósofo não se deduz das crenças gerais da comunidade a que pertence, mas se descobre pelo estudo direto de seus textos.[17] Dar por pressuposto *a priori* que os membros individuais de tal ou qual comunidade histórica tenham de estar limitados mentalmente pelas crenças comuns é condenar-se a não compreender jamais um só filósofo. É, na verdade, dispensar-se de tentar compreendê-lo, dando sua filosofia por resolvida de antemão através de generalizações sociológicas de um primarismo atroz. Infelizmente, no Brasil este vício parece não ter cura.

XV. CONTINUO NÃO ACERTANDO UMA

O consultor, não compreendendo o que digo, prefere atribuir-me o que não digo — de preferência algum absurdo patente que ele possa contestar com facilidade, de modo a poder fingir que derrubou meus argumentos quando derrubou apenas alguma asneira de sua própria invenção. Ele reincide nesse abuso várias

---

15 *Met.*, L, 7,1072a.
16 *Fis.*, IV, 219a-223a.
17 Aprisionar os gregos todos na gaiola do eterno retorno foi uma demencial generalização operada por Nietzsche para aureolar do prestígio da antigüidade clássica uma idéia que ele mesmo tinha inventado. O grande filósofo-poeta era, em matéria de filologia clássica, nada mais que um amador muito metido a besta, cujas interpretações, sem fundamento suficiente nos textos, foram completamente desmoralizadas pelas análises de Ulrich von Willamowitz-Möllendorf. Não sei quais foram os professores do consultor na faculdade, mas é bem possível que, neste país, ainda haja acadêmicos que levem integralmente a sério Nietzsche como filólogo.

vezes. Mas aqui ele transpõe todos os limites da ousadia e do descaramento:

> Localizar a Dialética na era Patrística é ignorar a realidade...
> etc. etc.

Sim, é claro que é. Seria um absurdo se eu tivesse feito isso. Mas o fato é que fiz exatamente o contrário. O que está dito no meu trabalho é: "O discurso dialético... *não se torna socialmente dominante antes do fim da Era Patrística.*"[18] Por que é que sempre que está de acordo comigo o consultor tem de fingir que penso o contrário do que penso, para não reconhecer que acertei alguma coisa?

XVI. OS QUATRO DISCURSOS NO TEMPO

Em seguida o infeliz enuncia sua própria lei geral do desenvolvimento das culturas, com a qual pretende contestar a minha:

> ...nas diversas culturas os chamados quatro discursos convivem e se aplicam a diferentes esferas da realidade humana e da vida política. Tentar estabelecer uma "dominância" de um determinado discurso parece-nos uma ressurreição anacrônica do discurso positivista com a sua Lei dos Três Estados.

1. Eis aí uma novidade revolucionária: cada cultura desenvolve simultaneamente as quatro formas de discurso, não havendo jamais uma que predomine. Fantástico! Isto quer dizer que a ciência da retórica *não* se desenvolveu na Grécia antes da dialética socrática; que a apologética retórica de Tertuliano e Orígenes *não* é anterior à elaboração dialética da doutrina cristã pelos escolásticos; que a retórica islâmica *não* alcança seu ponto culminante com o imâm 'Ali séculos antes do sucesso da dialé-

---

18 *Uma Filosofia Aristotélica da Cultura*, p. 30.

tica com Al-Ghazzali, Avicena e Ibn 'Arabi; e que em todas as culturas o discurso lógico-científico surge e alcança sua plena expressão *ao mesmo tempo* que o discurso mitopoético, como se vê aliás pelo fato cientificamente reconhecido de que todas as culturas primitivas — os esquimós, os pigmeus, os bantus, os índios do Alto Xingu, entre outros — nos legaram, junto com sua mitologia e sua arte simbólica, também seus tratados de lógica, de física matemática etc. etc. etc.

Que o ser humano possua de modo permanente e simultâneo a aptidão — a potência — para os quatro discursos, é algo que não se pode negar (é, aliás, raciocinando aristotelicamente, uma precondição indispensável para que possa haver no tempo uma sucessão dos discursos). Mas pretender que de fato e historicamente os quatro se manifestem ao mesmo tempo como expressões da cultura é insensatez.

De outro lado, é claro que conhecimentos de valor científico podem estar embutidos até no discurso mitopoético, como de fato acontece. Mas isto não torna lógico-analítico, *quanto à forma*, o discurso mitopoético; e é da sucessão das formas de discurso — e não dos seus conteúdos — que trata o meu artigo, ao menos para quem sabe ler.

2. Quanto à menção da Lei dos Três Estados, é uma simples associação de idéias, e aliás remota demais para não ser impertinente. Mais plausível seria a associação com a teoria marxista da sucessão *comunidade primitiva / feudalismo / capitalismo / socialismo*, que pelo menos coincide com a minha teoria quanto ao número de etapas. Mas se o consultor costuma julgar teorias científicas pelas associações de idéias que elas fortuitamente lhe sugerem, sua verdadeira vocação é para o ocultismo, e não para a ciência.

XVII. CONCLUSÃO

Tanto o autor da longa "Avaliação crítica" quanto o do breve "Parecer técnico" que o antecede embirraram sobretudo com a idéia da sucessão histórica dos discursos, que a este pareceu "extremamente ingênua" e àquele "fundada em bases muito frágeis".

É claro que essa idéia é apresentada no fim do meu trabalho sem nenhuma pretensão de prova exaustiva e apenas como exemplo das potencialidades vivas, da atualidade do pensamento de Aristóteles, da sua aptidão de colocar para nós, ainda hoje, desafios intelectuais relevantes. O modelo da sucessão dos discursos, que os textos de Aristóteles insinuam e que os fatos sugerem ser bastante plausível, é um desses desafios, e como tal foi que o apresentei. Os consultores, em vez de tomá-lo como oportunidade para uma discussão séria, preferiram sentir-se ofendidos em seus brios e rejeitá-lo sob alegações fúteis. O avaliador crítico não fez nem avaliação nem crítica, limitando-se a produzir uma figura de linguagem. O responsável pelo "Parecer técnico" julga ter liquidado a idéia mediante um simples adjetivo: "ingênua". Além de ter um conceito demasiado elevado da sua própria autoridade, esse indivíduo deve imaginar que, na expressão "parecer técnico", a palavra "parecer" é verbo, consistindo a missão do parecerista, portanto, em dar uma aparência técnica a opiniões improvisadas.

Quanto ao avaliador crítico, sua avaliação só o fez meter-se, como se viu, numa situação crítica. Mentalidades tacanhas, acostumadas a identificar o rigor científico com o indispensável mas nem por isto suficiente cômputo de miudezas, tendem a enxergar *a priori* como pretensão descabida qualquer explicação teórica mais abrangente que não venha com a chancela tranqüilizante de alguma celebridade do dia. Dispensam-se portanto de examiná-la e revertem involuntariamente ao *principium auctoritatis*, destruindo o espírito científico que imaginavam defender.

Pessoas que assim procedem deveriam olhar-se no espelho antes de chamar alguém de ingênuo. Ingênuo é dar por pressuposto, sem sólidas e bem fundadas razões, que as coisas se passaram, na História de alguma cultura, segundo uma outra ordem de sucessão que não a apresentada no meu modelo aristotélico — pois essa inversão seria no mínimo altamente improvável, como é evidente para quem quer que *faça* as seguintes perguntas:

1. Pode uma cultura desenvolver uma arte da discussão política antes de possuir um universo mitopoético que funde a comunidade de sentimentos e valores em que há de arraigar-se a credibilidade pública dos argumentos?

2. É possível que se desenvolva uma dialética — uma arte da triagem racional dos discursos — antes de haver sequer facções em disputa?

3. Pode desenvolver-se uma técnica da demonstração apodíctica antes que existam sequer uma prática e uma arte da discussão?

Ademais, é só na aparência mais superficial do seu esquema que a idéia da sucessão dos discursos pode lembrar as velhas e peremptas generalizações de Comte, Marx, Brunschvicg, Sorokin e *tutti quanti*. Ela *não é*, em primeiro lugar, uma hipótese causal, mas o simples esquema descritivo de um fato que a cronologia atesta: o discurso mitopoético surge primeiro, o retórico em seguida, depois o dialético e por fim o analítico. O próprio Aristóteles, ao formular a dialética e lançar as bases da analítica, estava consciente de que nisto culminava toda a evolução anterior do pensamento grego; e, se ele não aplicou o mesmo modelo à descrição de outras culturas, isto não é motivo para que não tentemos fazê-lo em seu nome, ainda que com dois milênios e tanto de atraso. Aliás, *tentar fazê-lo é absolutamente obrigatório, já que um preceito elementar do método científico manda testar primeiro as primeiras hipóteses antes de passar às seguintes.*

Em segundo lugar, ela não subentende nenhum "progresso" no sentido qualitativo, e muito menos uma teleologia global da História, como o fazem por exemplo as teorias de Marx e Comte. Desqualificá-la às pressas como generalização ingênua, tentar lançar sobre ela o manto da desmoralização que pesa sobre caducas metafísicas da História, é um expediente retórico indigno de verdadeiros homens de ciência. Não se julga uma teoria por suas vagas e fortuitas semelhanças com outras teorias.

O autor do "Parecer" — mais comedido e sensato, reconheço, que o da "Avaliação crítica" — obviamente não se fez as perguntas acima referidas e muito menos é capaz de citar *um único exemplo* de cultura onde a sucessão cronológica dos eventos divirja do modelo apresentado. Ele rejeita a hipótese, então, por mera antipatia irracional, crendo, ingênua ou maliciosamente, que um adjetivo vale por uma refutação. O mais surpreendente é a sua ausência de curiosidade, a soberana preguiça que entre bocejos rejeita uma questão para não ter de pensar nela, e volta a dormir sem avaliar o que perde. É esse falso senso de superioridade que transforma o intelectual do Terceiro Mundo num tipo bem característico; essa sublime indiferença que, como a "Castilla miserable" do poema de Antonio Machado, *"envuelta en sus andrajos desprecia cuanto ignora"*.

Louvo, no entanto, sua prudência de transferir o julgamento para outra instância.

Quanto ao autor da "Avaliação crítica", já demonstrei, nas páginas anteriores, que se trata de um desconhecedor da matéria, de um artista do blefe, quase de um "homem que sabia javanês", cuja presença no Comitê de Editores de uma revista séria como *Ciência Hoje* é, no mínimo, uma extravagância tropical. Queira Deus que se trate de um jovem, capaz de ainda renunciar às falsas poses e encetar uma vida intelectual autêntica, para a qual sem dúvida possui talento, faltando-lhe apenas a escrupulosidade em cuja ausência todo talento se torna ocasião de erros e de danos. Se ele se sentir humilhado ao ler minhas palavras, sorte dele: a vergonha, dizia Nietzsche, é a mãe do aprendizado. Não é preciso dizer que me coloco à inteira disposição dele para quaisquer explicações suplementares, e que terei prazer em atendê-lo sem mágoa pessoal de espécie alguma e seguro de que, se der ouvidos ao mandamento bíblico de não desprezar a reprimenda, ele ainda poderá se tornar alguém.

Note-se que em momento algum questionei o direito da revista de aprovar ou vetar a publicação do meu artigo. Tanto eu não fazia questão dessa publicação, que, em outubro, não tendo recebido resposta da SBPC, simplesmente mandei publicar o texto em formato de livro — o que automaticamente tornava descabida sua reprodução em *Ciência Hoje*.

Ao enviar à revista minha carta de 24 de outubro, não tive o menor intuito de protestar contra a não-publicação — o que além de extemporâneo seria uma insolência pueril —, mas simplesmente o de expressar minha estranheza quanto aos motivos alegados, cuja comicidade ninguém há de negar.

Ao receber porém a resposta de D. Yonne e ler os dois anexos, fiquei realmente estupefato, escandalizado e, para dizer a verdade, até mesmo um tanto irritado. Não por me sentir pessoalmente vítima de injustiça — o que considero um sentimento inferior do qual hoje se abusa com demasiada freqüência —, mas simplesmente por constatar, mais uma vez, uma atividade intelectual das mais nobres ser usurpada pela tendência à pseudo-intelectulidade que é, junto com a insensibilidade ética dos políticos, um dos flagelos maiores da nossa pátria. A ética da vida intelectual é uma condição prévia para a regeneração moral de uma nação, e neste país temos visto muitos intelectuais colocarem-se como juízes da moralidade pública antes de exigirem de si mesmos o cumprimento de seus deveres de estado. Para mim, o *homem que sabia javanês* infiltrado nas universidades e nas instituições culturais em geral é tão escandaloso, tão daninho para o país quanto um João Alves ou um P. C. Farias. Mais do que estes, na verdade: pois eles dilapidam apenas um patrimônio material, enquanto ele corrompe a alma e a inteligência, os bens supremos em que se assenta a dignidade da espécie humana.

Rio de Janeiro, 9 de novembro de 1994.

II. DESAFIO AOS USURPADORES CORPORATIVISTAS[1]

A TRÊFEGA DISPOSIÇÃO de opinar sobre um texto que não leram evidencia bem a mentalidade de Carlos Henrique Escobar e Gilberto Velho. O primeiro, por não ter gostado de minhas opiniões sobre seus companheiros de ideologia,[2] expressas em um artigo que não tem nada a ver com o caso, se permite emitir juízos temerários sobre um assunto que não conhece nem de longe, o que não é próprio de um homem de ciência, mas de um ideólogo, de um propagandista barato, incapaz de enxergar as questões senão pelo prisma de suas preferências políticas. Quanto a Gilberto Velho, recorre ao fácil expediente de me atribuir o que eu não disse: em nenhum instante me queixei de "discriminação". Como um parecerista que desconheço poderia discriminar um autor que ele ignora? Queixei-me, isto sim, de ser

---

1 Publicado em *O Globo*, 7 jan. 1995.
2 Refiro-me à série de artigos "Bandidos & Letrados" — *Jornal do Brasil*, dezembro de 1994 — que, investigando a cumplicidade psicológica dos intelectuais brasileiros com o banditismo carioca, suscitou reações um tanto hidrófobas de alguns membros da comunidade letrada, entre os quais o escritor Antônio Callado. A polêmica em torno de "Bandidos & Letrados" foi simultânea e paralela à encrenca com a SBPC, mas não vou reproduzi-la aqui por não ser pertinente ao tema deste livro; alguns detalhes são dados em apêndice à série de artigos, que é reproduzida no meu livro *O Imbecil Coletivo: Atualidades Inculturais Brasileiras* (Rio de Janeiro, Faculdade da Cidade Editora e Academia Brasileira de Filosofia, 1996).

julgado por um incompetente. O prof. Ênio Candotti também apela ao artifício de fugir do mérito da questão, perguntando "o que aconteceria" se todo articulista insatisfeito com um parecer o pusesse em discussão. O que aconteceria é que a SBPC já não teria no seu quadro de consultores nem o inepto que julgou meu texto nem estrelas — ou estrelos — que presunçosamente opinam sobre o que não leram. O *establishment* acadêmico brasileiro quer fiscalizar e julgar o país inteiro, mas não suporta ser sequer examinado. Sobre gente assim dizia Karl Kraus: "Julgam para não serem julgados". O prof. Candotti diz que não havia razão para escândalo. *Mas ele foi, por sua omissão, o único culpado pelo escândalo.* Tendo recebido semanas atrás uma cópia do meu folheto, não se mexeu para dar-lhe uma resposta, o tempo passou e a questão acabou indo parar nos jornais, quando poderia ter sido resolvida discretamente se o prof. Candotti fizesse aquilo que era do seu dever: buscar o esclarecimento da questão. Como bem enfatizou o Dr. Cláudio Ribeiro, "cabe ao editor diagnosticar a falha". O prof. Candotti está lá para isso, e não para rejeitar *a priori* qualquer reclamação, quer sob a presunção de infalibilidade da corporação acadêmica, quer sob a da insignificância de seus possíveis erros. Ademais, o Prof. Candotti se esquece de que a SBPC recebe dinheiro público: se denunciada uma irregularidade no seu trabalho, ela *tem a obrigação de investigá-la*, em vez de reagir como donzela ofendida e recusar falar do assunto. Na minha carta, aliás, fui muito respeitoso para com a SBPC, afirmando que a inépcia de um de seus membros em nada depunha contra a honra da entidade. Vejo, no entanto, que o prof. Candotti, por orgulho e teimosia, prefere arriscar a imagem da SBPC como um todo, para não ter de reconhecer os erros de um só dentre seus membros. Quanta solidariedade! Ou esse parecerista é alguém muito importante, ou o Prof. Candotti acha normal que as sociedades científicas sejam como sociedades secretas, que protegem seus membros sob um pacto de lealdade até a morte.

Quanto a Callado, sua pergunta imbecil — "Como é que ele consegue chegar aos principais jornais?" — tem uma resposta em duas partes: 1ª, estou lá há trinta anos, como jornalista profissional; 2ª, os jornais não selecionam seus colaboradores segundo os critérios de Antônio Callado. Graças a Deus, Callado não é consultor nem chefe de pessoal em nenhum jornal. Se fosse, usaria do peso de seu prestígio para vetar a contratação de seus desafetos. Sua hipocrisia revela-se claramente no instante em que, negando fazer censura, *ao mesmo tempo* reincide na tentativa de me fechar as portas das redações. Que coisa deprimente! Mas não pára aí: ao me chamar "desconhecido", Callado mente ou está gagá, pois me conhece pessoalmente há tempos — foi por caridade para com um homem idoso que eu não quis lembrar este detalhe até agora — e não tem sentido, aliás, rotular de desconhecido um autor cujos livros têm recebido, conforme Callado sabe perfeitamente bem, os qualificativos de "estupendo" (Herberto Sales), "importantíssimo" (Bruno Tolentino), de "excelente" (Josué Montello), de "magnífico" (Jacob Klintowitz) etc.

Enfim, os argumentos usados contra mim nessa polêmica resumem-se a uma carnavalesca exibição de prestígio, ao *argumentum auctoritatis* e ao *argumentum baculinum*. Pergunto eu: de todos esses senhores, quem conhece Aristóteles o bastante para julgar o caso, mesmo supondo-se que tivessem lido meu trabalho? Tem razão o Bruno Tolentino quando os chama de usurpadores. São tão usurpadores quanto um Collor ou um João Alves: não roubam dinheiro público, mas usam de seus cargos e de seu círculo de amizades para atribuir-se uma autoridade intelectual que não têm. Desafio publicamente todos esses senhores a discutir, com base nos textos e documentos, as objeções que fiz ao meu parecerista. Todos fugirão, ocultando-se covardemente atrás da proteção corporativa, sem a qual cada um deles é, nesta questão, apenas um menino indefeso perdido no deserto da sua ignorância. Dos entrevistados, somente a profª. Rosângela Nunes e o Dr. Cláudio Ribeiro declararam, com humildade exemplar, não poderem julgar o que não leram. Mas ambos admitiram, em princípio, ao menos *a possibilidade* de erros graves no parecer. Para os demais, esta hipótese é impensável por definição. *SBPC locuta, causa finita*, não é mesmo? Incapazes para o debate científico, jogaram com as cartas marcadas do oficialismo e do espírito de corriola.

III. CARTAS A ÊNIO CANDOTTI

Primeira

Rio de Janeiro, 16 de novembro de 1994

Prezado senhor,

Atendendo a uma sugestão de nosso amigo comum, Dr. Ivan da Costa Marques, estou enviando a V. Sa. a cópia de um documento que remeti à revista da SBPC a propósito de fatos recentes.[1]

Tanto eu como o Dr. Ivan julgamos que seria útil e justo informar V. Sa. desse episódio, se bem que um tanto indigesto.

Esperando que V. Sa. me desculpe por lhe pedir que conceda ao exame desse documento um tempo que talvez seria melhor dedicado a outras coisas, agradeço-lhe de antemão. Com os meus melhores votos,

Atenciosamente,
Olavo de Carvalho

---

1 Refiro-me a *De re aristotelica opiniones abominandæ*.

SEGUNDA

Rio de Janeiro, 2 de janeiro de 1995.

Prezado senhor,

Confrontada com suas declarações ao jornal *O Globo* do dia 28 de dezembro, a carta que o senhor fez publicar pelo mesmo jornal no dia seguinte é um primor de *nonsense*. Alegando que a complexidade do assunto poderá confundir o leitor leigo, o senhor ali pede que o debate a respeito de meu trabalho sobre Aristóteles saia da imprensa diária para as páginas discretas de "uma revista especializada". A SBPC então recomenda para discussão numa revista especializada um trabalho que ela mesma considerou indigno de ser publicado num periódico de divulgação científica? Deverão as revistas especializadas em filosofia ser menos exigentes na seleção dos artigos do que *Ciência Hoje*? Note bem: não foi por excesso de especialismo que meu trabalho foi recusado. D. Yonne Leite foi taxativa: meu texto, disse ela, "não atendia às condições mínimas de um trabalho científico". *Ciência Hoje* se considera superior às revistas especializadas ao ponto de lhes enviar as sobras de sua lata-de-lixo?

Quando uma pessoa sensata diz coisas insensatas, devemos supor que se distraiu ou que tem alguma segunda intenção. Não sendo cabível em lance tão decisivo a hipótese de distração, resta supor que o senhor quis apenas abafar o escândalo, e que para este fim se serviu, às pressas, de um pretexto improvisado. A falsidade da sua posição ressuma até mesmo da imagem pseudoliterária — de um mau-gosto infame — que dá fecho à sua carta: o que o senhor quis esconder não foram as cáries de Aristóteles — sobre o estado de cuja dentadura a História não nos deixou a menor indicação —, mas sim o câncer da pseudo-intelectualidade, que rói o organismo da SBPC e dele se alimenta. O único problema dentário sério que encontro em Aristóteles é a sua célebre contagem dos dentes das mulheres, que segundo ele são em maior número que os dos homens (*Aristotelis insignis negligentia*). De cáries ele não se queixa em parte alguma, porém se as tivesse poderia consultar a famosa especialista em odontologia peripatética — Dra. Yonne Leite —, a qual teria decerto mais facilidade em obturá-las do que em tampar os rombos nos conhecimentos aristotélicos do parecerista que examinou o meu trabalho.

Sua declaração ao mesmo jornal reflete a empáfia de uma sociedade de elite que, habituada a cobrar sem ser cobrada, já crê que todo mundo tem a obrigação de considerá-la *a priori* excluída de qualquer suspeita. Sempre acusando, denunciando, pontificando, a SBPC acabou por se amoldar ao púlpito, tomando-o como uma segunda natureza, e perdeu de vista que também tem satisfações a prestar, já que vive do dinheiro público. Sua pergunta — o que aconteceria se todo autor que discordasse de um parecer decidisse reclamar — é tola, para dizer o mínimo. O que aconteceria — será que o senhor não sabe mesmo? — é que:

1º A revista da SBPC já não empregaria mal o dinheiro do povo pagando os serviços de pareceristas ineptos (talvez não sejam muitos, mas como sabê-lo se a averiguação é proibida?).

2º Ela teria aprendido a ser humilde, a respeitar o público, a ser exigente consigo mesma em vez de acomodar-se na presunção da própria infalibilidade, como uma nova casta sacerdotal — atualmente sob o pontificado de Ennius I.

Por outro lado, se desejava que a questão fosse resolvida discretamente entre estudiosos, S. Santidade teve tempo bastante para tomar providências nesse sentido, de vez que recebeu uma cópia das minhas observações sobre a "avaliação crítica" de meu trabalho[2] semanas antes de que o caso fosse publicado na imprensa. Não tem portanto razão para reclamar do escândalo, que foi gerado no ventre da sua omissão.

---

2   Recebeu até mesmo duas cópias: uma na SBPC, outra a domicílio, que lhe enviei pessoalmente.

Quanto a seu paternal cuidado para com a alma do público leigo — como se também o senhor e D. Yonne não fossem leigos em Aristóteles! —, é pura manobra obscurantista. Quem tem a temer com esta discussão não é o público: é a SBPC. Entre os milhões de leitores de *O Globo* há decerto um número maior de pessoas cultas e capacitadas do que no comitê editorial de *Ciência Hoje*[3]. Por notáveis que se imaginem os membros desse comitê, eles não têm a autoridade de um novo Santo Ofício para decidir o que o público está ou não está maduro para saber. Fingindo proteger o público, a SBPC se protege a si mesma, ocultando a inépcia do seu comitê editorial sob um manto de opacidade tecido com o discurso da transparência.

Nunca tive em alta conta a intelectualidade brasileira, muito menos a comunidade acadêmica em especial, mas, pela recomendação de nosso amigo comum Dr. Ivan da Costa Marques, eu esperava do senhor uma atitude mais elegante.

Atenciosamente,
OLAVO DE CARVALHO

---

3 Como jornalista profissional, há trinta anos espero que os debates científicos invadam as páginas da imprensa diária. Agora que eles começam a chegar lá, não vejo qual o benefício de mandá-los de volta ao gueto especializado. Fui também editor de revistas científicas (*Atualidades Médicas* e *Clínica Geral*), e já nessa época lamentava que tantos assuntos importantes ali fossem discutidos longe dos olhos do público geral.

LEITURAS SUGERIDAS

A) TRADUÇÕES MAIS RECOMENDÁVEIS DOS TEXTOS DE ARISTÓTELES QUE INTERESSAM AO TEMA DO PRESENTE ESTUDO

Das Categorias, trad., notas e comentários de Mário Ferreira dos Santos, São Paulo, Matese, 2a. ed., 1965.[1]
La Métaphysique, trad., introd, notes par J. Tricot, 2 vols, Paris, Vrin, 1993.
Metafísica, ed. trilingüe por Valentín García Yebra, 2a. ed., Madrid, Gredos, 1990.
Organon, 5 vols., trad. J. Pinharanda Gomes, Lisboa, Guimarães, s/d.
Organon, 5 vols., trad. J. Tricot, Paris, Vrin, 1950-1966.
Poética, trad. e introd. por Eudoro de Souza, Lisboa, Guimarães, s/d.
Poétique, texte établi et traduit par J. Hardy, Paris, Les Belles Lettres, 1932 (várias reedições).
Retórica, Introd., trad. e notas por Quintín Racionero, Madrid, Gredos, 1990.
The Complete Works of Aristotle. The Revised Oxford Edition, ed. by Jonathan Barnes, 2 vols., Princeton Univ. Press, 1991.

---

1 Trabalho notabilíssimo, prejudicado pelos erros de revisão.

B) COMENTÁRIOS E ESTUDOS

AUBENQUE, Pierre, *La Prudence chez Aristote*, Paris, P.U.F., 1963 (réed. 1993).

AUBENQUE, Pierre, *Le Problème de l'Être chez Aristote. Éssai sur la Problématique Aritotélicienne*, Paris, P.U.F., 1962 (réed. 1991).

BARNES, Jonathan, *Aristóteles*, trad. Martha Sansigre Vidal, Madrid, Cátedra, 1993.

BOUTROUX, Émile, *Études d'Histoire de la Philosophie*, 4e éd., Paris, Alcan, 1925.

BOUTROUX, Émile, *Leçons sur Aristote*, ed. par Jêrome de Grammont, Paris, Éditions Universitaires, 1990.

BRENTANO, Franz, *De la Diversité des Acceptions de l'Être d'après Aristote*, trad. Pascal David, Paris, Vrin, 1992.[2]

COPLESTON, Frederick, *A History of Philosophy*, vol. I, *Greece and Rome*, New York, Doubleday, 1993.

DUMONT, Jean-Paul, *Introduction à la Méthode d'Aristote*, 2e éd., Paris, Vrin, 1992.[3]

DÜRING, Ingemar, *Aristóteles. Exposición e Interpretación de su Pensamiento*, trad. Bernabé Navarro, México, Universidad Nacional Autónoma, 1990.[4]

GOMEZ-PIN, Víctor, *El Orden Aristotélico*, trad. Virginas Careaga, Barcelona, Ariel, 1984.

HAMELIN, Octave, *Le Système d'Aristote*, éd. Léon Robin, 4e éd., Paris, Vrin, 1985.

JAEGER, Werner, *Aristóteles. Bases para la Historia de su Desarrollo Intelectual*, trad. José Gaos, México, Fondo de Cultura Económica, 1984.

MANSION, Suzanne, *Études Aristotéliciennes. Reccueil d'Articles*, Louvain-la-Neuve, Institut Supérieur de Philosophie, 1984.

---

2   Indispensável.
3   Indispensável.
4   Sólido e sempre confiável.

MILLET, Louis, *Aristóteles*, trad. Roberto Leal Ferreira, São Paulo, Martins Fontes, 1990.
MOREAU, Joseph, *Aristote et son École*, Paris, P.U.F., 1962 (réed. 1985).
PORFÍRIO, *Isagoge. Introdução às "Categorias" de Aristóteles*, trad., notas e comentários de Mário Ferreira dos Santos, São Paulo, Matese, 1965.
REALE, Giovanni, *Introducción a Aristóteles*, trad. Victor Bazterrica, Barcelona, Herder, 1985.
ROBIN, Léon, *La Pensée Grecque et les Origines de l'Esprit Scientifique*, Paris, Albin Michel, 1923 (réed. 1973).
ROSS, Sir David, *Aristóteles*, trad. Luís Filipe Bragança S. S. Teixeira, Lisboa, Dom Quixote, 1987.
SPINA, Segismundo, *Introdução à Poética Clássica*, São Paulo, FTD, 1967.
TOMÁS DE AQUINO, Sto., *Comentários a Aristóteles*, trad. Antonio Donato Paulo Rosa, 6 vols., manuscrito inédito.[5]
WEIL, Éric, *Éssais et Conférences*, 2 tomes, Paris, Vrin, 1991.[6]

C) OUTRAS OBRAS DE INTERESSE PARA O ESTUDO DOS QUATRO DISCURSOS

CURTIUS, Ernst-Robert, *Literatura Européia e Idade Média Latina*, trad. Teodoro Cabral, Rio, INL, 1957.
FEYERABEND, Paul, *Contra o Método*, trad. Octanny S. da Motta e Leônidas Hegenberg, Rio, Francisco Alves, 1977.
FRIEDRICH, Hugo, *Estrutura da Lírica Moderna*, trad. brasileira, 2a. ed., São Paulo, Duas Cidades, 1991.
FRYE, Northrop, *Le Grand Code. La Bible et la Littérature*, trad. Cathérine Malamoud, Paris, Le Seuil, 1984.

---

5   O tradutor vem há anos procurando em vão editar o seu trabalho monumental.
6   Indispensável. Diz mais em trinta páginas do que muitas gerações de filólogos.

HIGHET, Gilbert, *The Classical Tradition. Greek and Roman Influences on Western Literature*, New York, Oxford University Press, 1957.

LAUSBERG, Heinrich, *Elementos de Retórica Literária*, trad. R. M. Rosado Fernandes, Lisboa, Fundação Calouste Gulbenkian, 2ª ed., 1972.

LE GOFF, Jacques, *Os Intelectuais na Idade Média*, trad. Luísa Quintela, Lisboa, Estudios Cor, 1973.

PANOFSKY, Erwin, *Architecture Gothique et Pensée Scolastique*, trad. Pierre Bourdieu, Paris, Éditions de Minuit, 1967.

PERELMAN, Chaim, *Traité de l'Argumentation. La Nouvelle Rhétorique*, Bruxelles, Université Libre, 1978.

PRATT, Mary Louise, *Toward a Speech Act Theory of Literary Discourse*, Bloomington, Indiana University Press, 1977.

SNELL, Bruno, *A Descoberta do Espírito*, trad. Arthur Morão, Lisboa, Edições 70, 1992.

VAN TIEGHEM, Philippe, *Petite Histoire des Grandes Doctrines Littéraires en France. De la Pléiade au Surréalisme*, Paris, P.U.F., 1946.

ÍNDICE REMISSIVO

A

Afonso de Ligório, Sto. *39*; *42*

Agostinho, Sto. *113*

Alberto Magno, Sto. *83*; *85*; *112*; *113*

Alcebíades *118*; *120*

Al-Ghazzali *42*; *125*

Alighieri, Dante *58*

Al-Kindi *42*

Alves, João *129*

Andrade, Evandro Carlos de *16*

Andrônico de Rodes *25*; *26*; *28*; *29*; *35*; *55*

Aristóteles *12*; *13*; *16*; *19*; *20*; *21*; *22*; *24*; *25*; *26*; *27*; *28*; *31*; *32*; *33*; *34*; *35*; *36*; *37*; *40*; *42*; *43*; *45*; *46*; *47*; *48*; *51*; *52*; *53*; *54*; *55*; *56*; *57*; *58*; *59*; *60*; *85*; *86*; *87*; *88*; *89*; *90*; *91*; *103*; *104*; *105*; *107*; *108*; *109*; *110*; *111*; *112*; *114*; *115*; *116*; *117*; *118*; *119*; *120*; *121*; *122*; *123*; *126*; *127*; *133*; *136*; *138*; *141*

Arnóbio de Sicca *113*

Aubenque, Pierre *36*; *86*; *140*

Avicena *21*; *42*; *60*; *125*

B

Bachelard, Gaston *23*

Bacon, Francis *29*; *58*

Bandeira, Manuel *27*

Barnes, Jonathan *95*; *114*

Basílio Magno, S. *113*

Bekker, Immanuel *86*

Berti, Eugenio *87*

Boaventura, S. *58*

Boécio, Anício Mânlio Severino *85*; *113*

Bonaparte, Napoleão *40*

Brentano, Franz *86*; *96*; *114*; *140*

Brito, Daniel Brilhante de *16*

Brunschvicg, Léon *127*

Bukhari *42*

C

Callado, Antônio *15*; *131*; *133*

Candotti, Ênio *12*; *132*; *135*

Capra, Fritjof *24*; *43*

Carvalho, Olavo de *135*; *138*

Chomsky, Noam *52*

Cícero, Marco Túlio *40*

Clemente de Alexandria, S. *113*; *116*

Coleridge, Samuel Taylor *32*

Comte, Auguste *127*

Croce, Benedetto *50*; *51*
Curtius, Ernst-Robert *26*; *38*

D

Dante, v. Alighieri *15*; *58*
De Bruyne, Edgar *58*
Descartes, René *24*; *29*; *39*; *58*
Dionísios *38*
Dumont, Jean-Paul *87*; *88*; *90*; *96*; *111*; *114*
Durand, Gilbert *59*
Düring, Ingemar *86*; *114*
Duval, Gaston *16*

E

Eco, Umberto *26*; *58*
Einstein, Albert *39*
Engels, Friederich *52*
Escobar, Carlos Henrique *15*; *131*
Eunômio de Cícico *113*

F

Fenollosa, Ernest *24*
Ferguson, Marilyn *24*
Feyerabend, Paul *24*; *141*
Firmico Materno *113*
Friedrich, Hugo *41*; *141*
Frye, Northrop *38*

G

Galeffi, Dante Augusto *15*
Galeffi, Romano *16*
Galilei, Galileo *29*; *58*
Gödel, Kurt *32*
Gomez-Pin, Víctor *87*
Gomide, Fernando de Mello *15*
Gregório Magno, S. *112*
Gusdorf, Georges *23*

H

Hamelin, Octave *25*; *86*; *106*; *114*
Hazard, Paul *86*
Hécuba *119*
Hegel, Georg W. F. *41*
Homero *37*
Horácio *57*
Hugo de S. Vitor *50*
Husserl, Edmund *99*

I

Ibn Arabi, Mohieddin *125*
Irineu de Leão *113*
Isidoro de Sevilha, Sto. *113*

J

Jaeger, Werner *27*; *86*; *87*; *106*; *114*
James, Henry *14*
Joyce, James *41*

K

Kenny, Anthony *87*

Klintowitz, Jacob *133*

Kraus, Karl *132*

Kuhn, Thomas S. *32*

L

Lausberg, Heinrich *33*; *142*

Le Blond, J. M. *114*

Leibniz, Gottlieb Wilhelm von *39*; *58*

Leite, Yonne *136*; *137*

Levy, Jerre *24*

Ligório *39*

Locke, John *46*

Luís XIV *23*

M

Machado, Antonio *128*

MacLaine, Shirley *24*

Malebranche, Nicolas *39*

Mallarmé, Stéphane *41*

Mansion, Augustin *86*; *114*

Mansion, Suzanne *86*; *114*

Marcelo de Ancira *113*

Mário Vitorino *113*

Marques, Ivan da Costa *103*; *135*; *138*

Marx, Karl *41*; *54*; *127*; *128*

Metzger, David *87*
Millet, Louis *114*
Montello, Josué *133*
Morin, Edgar *91*

N

Napoleão, v. Bonaparte *40*
Nemésio de Emesa *113*
Newton, Sir Isaac *29*; *58*
Nietzsche, Friedrich *123*; *129*
Nunes, Rosângela *133*
Nussbaum, Martha C. *87*

O

Orígenes *124*
Orsini, Elisabeth *16*
Ortega y Gasset, José *39*

P

Panofsky, Erwin *32*; *56*; *142*
Perelman, Chaim *32*
Piaget, Jean *52*
Planck, Max *39*
Platão *38*; *46*
Porfirio *113*
Pound, Ezra *24*
Pradines, Maurice *51*; *52*; *54*
Pratt, Mary Louise *32*; *142*

Q

Quintiliano, Marco Fábio *40*

R

Ravaisson, Félix *86*; *114*

Reale, Miguel *15*

Ribeiro, Cláudio *132*; *133*

Robin, Léon *25*; *86*

Robortelli, Francesco *29*; *57*; *86*

Rorty, Amélie Oksenberg *87*

Ross, Sir David *28*; *106*; *114*; *141*

Royce, Josiah *39*

S

Said Qutub *42*

Sales, Herberto *133*

Shakespeare, William *119*

Sinaceur, M. A. *87*

Snow, Charles Percy *23*

Sócrates *38*

Solmsen, F. *114*

Sólon *38*

Sorokin, Pitirim N. *127*

Spina, Segismundo *57*

Spinoza *39*

Spinoza, Baruch ou Benedictus de *46*

T

Telêmaco *109*
Teodureto de Ciro *113*
Tertuliano *124*
Tolentino, Bruno *16*; *133*
Tomás de Aquino, Sto. *21*; *58*; *85*; *106*; *112*

V

Van Tieghem, Philippe *142*
Velho, Gilberto *15*; *131*
Vico, Giambattista *122*

W

Weil, Éric *28*; *34*; *87*; *88*; *90*; *106*; *111*; *114*; *117*
Wellek, René *29*; *86*
Willamowitz-Möllendorf, Ulrich von *123*

Z

Zeller, Eduard *38*; *106*

Este livro foi impresso pela Ferrari Daiko.
O miolo foi feito com papel *chambrill avena*
80g, e a capa com cartão triplex 250g.